Better Frisian
Better Frysk

Made by Auke de Haan
Makke troch Auke de Haan

www.learnfrisian.com

Foreword

Hello, my name is Auke and I am a native Frisian speaker from Friesland. I was raised in a little town called Harkema. My goal is to reach as many people as I can to help them with the Frisian language. For more information, check out @learnfrisian on Instagram, LearnFrisian on Facebook or @aukethefrisian on TikTok. Don't forget to check out www.learnfrisian.com too!

For any questions you can contact me at:
info@learnfrisian.com

About this book

Each lesson and chapter in this book has instructions about the exercises and what you can expect on the following pages. Read the instructions carefully and try to do the exercises. After each lesson I recommend going to the back of this book and looking up the right answers, so you can learn from your mistakes. All the sentences used in this book are also online with audio files. They're incredibly helpful, so please use them.

Use this link to listen to the online audio files:
https://www.learnfrisian.com/lessons/audio-frisian-words/

Table of Contents

5.	How do you say Frisian letters?	60.	New words: Calendar
6.	The easiest rules in Frisian	60.	Introduction: Adjectives
7.	Basic Frisian Phrases	61.	Adjectives Lesson 1
9.	Introduction: Frisian Pronouns	63.	Recap of the new words
10.	Frisian Pronouns Lesson 1	64.	Adjectives Lesson 2
11.	Frisian Pronouns Lesson 2	65.	New words: Drinks
12.	Frisian Pronouns Lesson 3	65.	Introduction: Place & Direction
13.	Frisian Pronouns Lesson 4	66.	Place & Direction Lesson 1
14.	Frisian Pronouns Lesson 5	67.	Place & Direction Lesson 2
15.	Frisian Pronouns Lesson 6	68.	Place & Direction Lesson 3
16.	Frisian Pronouns Lesson 7	69.	Place & Direction Lesson 4
16.	Frisian Pronouns Lesson 8	70.	Place & Direction Lesson 5
17.	Frisian Pronouns Lesson 9	71.	Place & Direction Lesson 6
18.	Frisian Pronouns Lesson 10	72.	New words: Animals
19.	Frisian Pronouns Lesson 11	72.	Introduction: Opposite words
20.	Frisian Pronouns Lesson 12	73.	Opposite words Lesson 1
21.	New words: Food	74.	Opposite words Lesson 2
21.	Introduction: Present Tense Verbs	75.	Opposite words Lesson 3
22.	Lesson 1: Krij/Get	76.	Opposite words Lesson 4
23.	Lesson 2: Krij/Get	77.	Opposite words Lesson 5
24.	Lesson 3: Krij/Get	78.	New words: Nature
25.	Lesson 4: Krij/Get	78.	Introduction: Past Tense Verbs
26.	Lesson 1: Jou/Give	79.	Lesson 1: Hold/Held
27.	Lesson 2: Jou/Give	80.	Lesson 2: Hold/Held
28.	Lesson 3: Jou/Give	80.	Lesson 3: Hold/Held
29.	Lesson 4: Jou/Give	81.	Lesson 1: Joech/Gave
30.	Lesson 1: Bin/Are	82.	Lesson 2: Joech/Gave
31.	Lesson 2: Bin/Are	82.	Lesson 3: Joech/Gave
32.	Lesson 3: Bin/Are	83.	Lesson 1: Tocht/Thought
33.	Lesson 4: Bin/Are	84.	Lesson 2: Tocht/Thought
34.	Lesson 1: Gean/Go	84.	Lesson 3: Tocht/Thought
35.	Lesson 2: Gean/Go	85.	Lesson 1: Woe/Wanted
36.	Lesson 3: Gean/Go	86.	Lesson 2: Woe/Wanted
37.	Lesson 4: Gean/Go	86.	Lesson 3: Woe/Wanted
38.	Lesson 1: Doch/Do	87.	Lesson 1: Koe/Could
39.	Lesson 2: Doch/Do	88.	Lesson 2: Koe/Could
40.	Lesson 3: Doch/Do	88.	Lesson 3: Koe/Could
41.	Lesson 4: Doch/Do	89.	Lesson 1: Hie/Had
42.	Lesson 1: Haw/Have	90.	Lesson 2: Hie/Had
43.	Lesson 2: Haw/Have	90.	Lesson 3: Hie/Had
44.	Lesson 3: Haw/Have	91.	Lesson 1: Wie/Was
45.	Lesson 4: Haw/Have	92.	Lesson 2: Wie/Was
46.	Lesson 1: Sjoch/See	92.	Lesson 3: Wie/Was
47.	Lesson 2: Sjoch/See	93.	Lesson 1: Gie/Went
47.	Lesson 3: Sjoch/See	94.	Lesson 2: Gie/Went
48.	Lesson 1: Tink/Think	94.	Lesson 3: Gie/Went
49.	Lesson 2: Tink/Think	95.	Lesson 1: Die/Did
49.	Lesson 3: Tink/Think	96.	Lesson 2: Die/Did
50.	Lesson 1: Brûk/Use	96.	Lesson 3: Die/Did
51.	Lesson 2: Brûk/Use	97.	Lesson 1: Seach/Saw
51.	Lesson 3: Brûk/Use	98.	Lesson 2: Seach/Saw
52.	Lesson 1: Hâld/Hold	98.	Lesson 3: Seach/Saw
53.	Lesson 2: Hâld/Hold	99.	New words: Body
53.	Lesson 3: Hâld/Hold	99.	Introduction: How do Frisian verbs work?
54.	New words: Family	100.	How do Frisian verbs work? Lesson 1
54.	Introduction: Question Words	102.	How do Frisian verbs work? Lesson 2
55.	Question Words Lesson 1	103.	How do Frisian verbs work? Lesson 3
56.	Question Words Lesson 2	104.	How do Frisian verbs work? Lesson 4
57.	Question Words Lesson 3	106.	How do Frisian verbs work? Lesson 5
58.	Question Words Lesson 4	107.	How do Frisian verbs work? Lesson 6
59.	Question Words Lesson 5	108.	New words: Colors
108.	Introduction: Making questions	173.	De or it? Lesson 5
109.	Making questions Lesson 1	174.	De or it? Lesson 6

	111.	Making questions Lesson 2	175.	De or it? Lesson 7
113.		New words: Months	176.	De or it? Lesson 8
113.		Introduction: Irregular verbs	177.	De or it? Lesson 9
	114.	Irregular verbs Lesson 1	178.	De or it? Lesson 10
	116.	Irregular verbs Lesson 2	179.	New words: Languages

113. New words: Months
113. *Introduction: Irregular verbs*
    114. Irregular verbs Lesson 1
    116. Irregular verbs Lesson 2
    116. Irregular verbs Lesson 3
    117. Irregular verbs Lesson 4
    119. Irregular verbs Lesson 5
120. New words: Numbers
120. *Introduction: Time words*
    121. Time words Lesson 1
    122. Time words Lesson 2
    123. Time words Lesson 3
    124. Time words Lesson 4
125. New words: School
125. *Introduction: Plural*
    126. Plural Lesson 1
    128. Plural Lesson 2
    130. Plural Lesson 3
    132. Plural Lesson 4
    134. Plural Lesson 5
    136. Plural Lesson 6
138. New words: House
138. *Introduction: Modal verbs*
    139. Lesson 1: Lit/Let
    140. Lesson 2: Lit/Let
    141. Lesson 3: Lit/Let
    142. Lesson 4: Lit/Let
    143. Lesson 1: Mei/May
    144. Lesson 2: Mei/May
    145. Lesson 3: Mei/May
    146. Lesson 4: Mei/May
    147. Lesson 1: Sil/Shall
    148. Lesson 2: Sil/Shall
    149. Lesson 3: Sil/Shall
    150. Lesson 4: Sil/Shall
    151. Lesson 1: Wol/Want
    152. Lesson 2: Wol/Want
    153. Lesson 3: Wol/Want
    154. Lesson 4: Wol/Want
    155. Lesson 1: Kin/Can
    156. Lesson 2: Kin/Can
    157. Lesson 3: Kin/Can
    158. Lesson 4: Kin/Can
    159. Lesson 1: Moat/Must
    160. Lesson 2: Moat/Must
    161. Lesson 3: Moat/Must
    162. Lesson 4: Moat/Must
163. New words: Places in a town
163. *Introduction: How to make diminutives?*
    164. How to make diminutives? Lesson 1
    166. Recap of Frisian words
    167. How to make diminutives? Lesson 2
168. New words: Emotions & Feelings
168. *Introduction: De or it?*
    169. De or it? Lesson 1
    170. De or it? Lesson 2
    171. De or it? Lesson 3
    172. De or it? Lesson 4

175. De or it? Lesson 7
176. De or it? Lesson 8
177. De or it? Lesson 9
178. De or it? Lesson 10
179. New words: Languages
179. *Introduction: This, that, these & those*
    180. This, that, these and those Lesson 1
    181. This, that, these and those Lesson 2
    182. This, that, these and those Lesson 3
183. New words: Countries
183. *Introduction: Present Perfect*
    184. Present Perfect Lesson 1
    185. Present Perfect Lesson 2
    186. Present Perfect Lesson 3
187. Test your speech
187. *Introduction: Connecting words*
    188. Connecting words Lesson 1
    189. Connecting words Lesson 2
    190. Connecting words Lesson 3
    191. Connecting words Lesson 4
    192. Connecting words Lesson 5
    193. Connecting words Lesson 6
194. Test your speech
194. *Introduction: Sentence Structure*
    195. Sentence Structure Lesson 1
    196. Sentence Structure Lesson 2
    197. Sentence Structure Lesson 3
198. Test your speech
198. *Introduction: How to write numbers*
    199. How to write numbers Lesson 1
201. Test your speech
201. *Introduction: Extra words in a sentence*
    202. Extra words in a sentence Lesson 1
    204. Extra words in a sentence Lesson 2
    205. Extra words in a sentence Lesson 3
206. Test your speech
206. *Introduction: How to tell time in Frisian*
    207. How to tell time in Frisian Lesson 1
    208. How to tell time in Frisian Lesson 2
    209. How to tell time in Frisian Lesson 3
    210. How to tell time in Frisian Lesson 4
    211. How to tell time in Frisian Lesson 5
212. Test your speech
212. *Introduction: Find the mistake(s)*
    213. Find the mistake(s) Lesson 1
    214. Find the mistake(s) Lesson 2
    216. Find the mistake(s) Lesson 3
218. Test your speech
218. *Introduction: Assignments*
    219. Dysels foarstelle
    220. Hoe is it no?
    221. Buorman
    222. Mear Frysk!
    223. Folderke oer in lân
    224. Dyn miening oer it klimaat
    225. Nijsberjocht
    226. Keapje?
    227. Dyn miening oer God
229. Test your speech
229. *ALL THE RIGHT ANSWERS*

How do you say Frisian letters?

This page focuses on some of the Frisian letters. A similar English pronunciation is given to give you a good idea of the Frisian pronunciation.

'â'	'aw'	as in 'Dawn'
'ê'	'he'	as in 'Where'
'g'	'g'	as in 'Girl'
'i'	'i'	as in 'Bin' *'i' has more sound options.
'i'/'y'	'e'	as in 'He, She, We'
'j'	'y'	as in 'You'
'û'	'o'	as in 'Two'
'w'	in Frisian is a sound in between 'v' and 'w' at the beginning of words.	
'oe'	'oo'	as in 'Good'
'ie'/'ii'	'ea'	as in 'Leader'
'ij'	'y'	as in 'By'
'ei'	it is near to 'y' as in 'My'	
'oa'	'or'	as in 'Bore'
'ea'	'ea'	as in 'Gear'
'ch'	as in Scottish 'loch'	
'iuw'	like 'ee' in 'bee' and 'oo' in 'boot' said together quickly.	

The letters b, d, t, f, h, k, l, m, n, s are (nearly) the same as English.

The little 'hat' (circumflex) on top of these letters: â, ô, ê make the sound of the regular 'a', 'o', 'e' longer. This *is not always* the case with 'û'.

The easiest rules in Frisian

Frisian isn't hard to learn and you can already get really far with the following rules:

- A Frisian word never starts with a 'c', 'v' or 'z'.
    - 'v' (sound) is always a 'f'.
    - 'c' (sound) is always a 'k'.

- The Frisian alphabet does not have the letters 'q' and 'x'. Also the letter 'c' is more or less not used in the Frisian language.

- A Frisian word never ends with 'g', the 'g' will turn into a 'ch'. However, when a Frisian word ends with 'ng', the 'g' doesn't change.

- The 'e' sound (as in English: free) is written as 'y' or 'i'.

About Y & I:
Ik yt   Wy ite
I eat   We eat

When a verb in the first person has a 'y' it turns into a 'i' in the plural or adjective form. Just like the example above.

Let's get started: Basic Frisian Phrases

A goeie, Hoi
Hey, Hello, Hi

Do(w), Hoi *'Hoi' is also used as 'goodbye' in Frisian.*
Bye

Goeie dei
Hello ('Good day')
In English 'Good day' has a bad tone, but in Frisian it is friendly, like 'Good morning'.

Haw in noflike dei.
Have a nice day.

Tsjoch! *Only used with drinks.*
Cheers!

Tankewol!
Thank you!

Tige tank!
Thank you very much!

Sjoddy! *It's a contraction like English See ya.*
See you!

Oant sjen.
See you next time.

Goeie moarn
Good morning

Goeie middei
Good afternoon

Goeie jûn
Good evening

Sjoch ris oan.
Here you are.

Asjebleaft
You're welcome

Hoe is it mei dy?
How is it going?

Hoe is it?
How are you?

Wêr komstû wei?
Where are you from?

Ik kom út Fryslân.
I am from Friesland.

Blikstiender!
Holy shit!, Bloody hell!

Hoe let hawwe it?
What time is it?

Betterskip.
Get well soon.

Lokwinske!
Congratulations!

Leaver net.
Rather not.

Ik hear dy net.
I don't hear you.

Ik bin wiis mei dy.
I am happy with you.

It spyt my.
I am sorry.

Ik bin 25 jier âld.
I am 25 years old.

Krekt sa.
Exactly.

Avensearje!
Hurry up!

Kin ik dy helpe?
Can I help you?

Jawis.
Yes, sure.

Folle lok!
Good luck!

Ik wit it net.
I don't know.

Gjin probleem.
No problem.

Mei ik fuort?
May/Can I leave?

Hoe âld bistû?
How are you?

Ik bin wurch.
I am tired.

Bêst genôch! *Literally; Best enough.*
Fine/Good!

Introduction: Frisian Pronouns

Are you ready to learn about the Frisian pronouns? It's really important to know the pronouns of a language and of course how to use them. In the next 12 lessons you will learn all about the Frisian pronouns. There will be a lot of repetition, but after this chapter you won't forget them.

Frisian Pronouns Lesson 1

Goeie dei Frisian Learner,

In this lesson I would like to introduce you to some Frisian pronouns. The right answers are on page 230.

Ik	I	Sy/Sy	She/They
Dû/Do	You	Jim	You (pl.)
Hy	He		

Use the words above to complete the sentences below.

.... bist fuort gien.
You went away.

.... wol nei hûs.
I want to go home.

.... lêze tegearre in boek.
They are reading a book together.

.... is grutsk.
He is proud.

.... fine it in goed plan.
We think it's a good plan.

.... is in leaf famke.
She is a sweet girl.

.... moatte harkje.
You (pl.) need to listen.

.... meist hjir net komme.
You are not allowed to come here.

.... wol it net.
He does not want it.

.... hâlde net fan fleis.
We don't like meat.

.... woe sliepe
I wanted to sleep.

.... jout om dy.
She cares about you.

.... meie wol oer dy.
They like you.

.... kinne my net tsjinhâlde.
You (pl.) cannot stop me.

Frisian Pronouns Lesson 2

A goeie Frisian Learner,

In this lesson we're going to try to fill in the gaps without using the table like in the last lesson. The right answers are on page 230.

.... wol it net.
He does not want it.

.... is in leaf famke.
She is a sweet girl.

.... hâlde net fan fleis.
We don't like meat.

.... jout om dy.
She cares about you.

.... meie wol oer dy.
They like you.

.... lêze tegearre in boek.
They are reading a book together.

.... bist fuort gien.
You went away.

.... is grutsk.
He is proud.

.... fine it in goed plan.
We think it's a good plan.

.... kinne my net tsjinhâlde.
You (pl.) cannot stop me.

.... woe sliepe.
I wanted to sleep.

.... wol nei hûs.
I want to go home.

.... meist hjir net komme.
You are not allowed to come here.

.... moatte harkje.
You (pl.) need to listen.

Frisian Pronouns Lesson 3

A goeie Frisian Learner,

Try it without the English translations this time. The right answers are on page 230.

.... moatte harkje.

.... jout om dy.

.... meie wol oer dy.

.... is in leaf famke.

.... hâlde net fan fleis.

.... bist fuort gien.

.... meist hjir net komme.

.... fine it in goed plan.

.... woe sliepe.

.... wol it net.

.... is grutsk.

.... wol nei hûs.

.... lêze tegearre in boek.

.... kinne my net tsjinhâlde.

In this exercise match the Frisian words to the right English words.
Match the words!

Leaf, Nei hûs, Tegearre, Grutsk, Harkje, Lêze, Fuort, Plan, Fleis, Famke, Sliep, Tsjinhâlde

Go home	....	Proud	....
Read	....	Away	....
Sweet	....	Stop (to)	....
Listen	....	Sleep	....
Together	....	Meat	....
Girl	....	Plan	....

Frisian Pronouns Lesson 4

A goeie Frisian Learner,

Several words are missing in the sentences below, can you complete the sentences? The right answers are on page 230.

.... is .... leaf.
She is a sweet girl.

.... jout om ....
She cares about you.

.... meist .... net ....
You are not allowed to come here.

.... woe ....
I wanted to sleep.

.... is ....
He is proud.

.... bist .... gien.
You went away.

.... tegearre in ....
They are reading a book together.

.... moatte ....
You (pl.) need to listen.

.... wol it ....
He doesn't want it.

.... wol .... hûs.
I want to go home.

.... hâlde .... fan ....
We don't like meat.

..... fine .... in .... plan.
We think it's a good plan.

...... kinne .... tsjinhâlde.
You (pl.) cannot stop me.

...... meie ...... oer ......
They like you.

Frisian Pronouns Lesson 5

Hoi Frisian learner,

Let's introduce you to 5 new Frisian pronouns. Put the pronouns in the sentences below. The right answers are on page 230.

Jo	You (Formal)	Him	Him
Dy	You (Second person)	Dyn	Your(s)
My	Me		

.... krije iten fan ús.
You get food from us.

Lis it .... út.
Explain it to me.

.... âlders binne goede minsken.
Your parents are good people.

Fielst .... goed?
Do you feel well?

Komt it fan ....?
Did it come from him?

Wy harkje nei ....
We are listening to you.

.... skonk docht sear.
Your leg hurts.

Ik ken .... net.
I don't know him.

.... moatte it leauwe.
You have to believe it.

Dû bist fan ....
You are mine. (flirty)

Frisian Pronouns Lesson 6

Goeie dei Frisian learner,

To make it a little harder for you, don't look at the table with the pronouns. The right answers are on page 231.

.... skonk docht sear.
Your leg hurts.

.... âlders binne goede minsken.
Your parents are good people.

Komt it fan ....?
Did it come from him?

Ik ken .... net.
I don't know him.

.... moatte it leauwe.
You have to believe it.

Lis it .... út.
Explain it to me.

Wy harkje nei ....
We are listening to you.

.... krije iten fan ús.
You get food from us.

Dû bist fan ....
You are mine. (flirty)

Fielst .... goed?
Do you feel well?

In this exercise match the Frisian words to the right English words.
Match the words!

Fan, Komt, Leg, Âlders, Goed, Iten, Ken, Leauwe, Harkje, People, Nei, Feel

Come	....	Believe	....
From	....	To	....
Parents	....	Fielst	....
Food	....	Know	....
Leg	....	Listen	....
Good	....	Minsken	....

Frisian Pronouns Lesson 7
Goeie dei Frisian learner,

To make it a little harder, there isn't an English translation below the Frisian sentences this time. The right answers are on page 231.

.... skonk docht sear.

Fielst .... goed?

Dû bist fan ....

.... moatte it leauwe.

.... âlders binne goede minsken.

Lis it .... út.

Wy harkje nei ....

Ik ken .... net.

.... krije iten fan ús.

Komt it fan ....?

Pronouns Lesson 8
Goeie dei Frisian learner,

Let's try to make it even harder this time. Several words are missing, can you fill in the right words? The right answers are on page 231.

.... âlders .... goede ....
Your parents are good people.

.... it .... út.
Explain it to me.

.... bist fan ....
You are mine. (flirty)

.... harkje nei ....
We are listening to you.

.... it fan ....?
Did it come from him?

Ik .... net.
I don't know him.

.... skonk .... sear.
Your leg hurts.

.... moatte it ....
You have to believe it.

...... krije .... fan ......
You get food from us.

.... goed?
Do you feel well?

Frisian Pronouns Lesson 9

A goeie Frisian learner,

These are the last 5 pronouns I want to introduce you to. Try to put them in the right sentences. The right answers are on page 231.

Syn	His	Ús	Us
Myn	My/Mine	Harren	Their
Har	Her		

Sy sprekke .... taal.
They are speaking their language.

.... mem is leaf.
His mom is sweet.

Is dat .... namme?
Is that her name?

Kin sy .... ferstean?
Can she understand us?

.... freon hat hûnger.
My friend is hungry.

Sy kin .... better helpe.
She can help us better.

Sy hawwe .... kar makke.
They have made their choice.

.... gesicht liket lilk.
His face looks angry.

.... keamer is skjin.
My room is clean.

Ik kin .... helpe.
I can help her.

Frisian Pronouns Lesson 10

Goeie dei Frisian learner,

Let's see if you can do it without the table. Try to complete the sentences with the pronouns from the previous lesson. The right answers are on page 231.

Sy kin .... better helpe.
She can help us better.

Kin sy .... ferstean?
Can she understand us?

Is dat .... namme?
Is that her name?

.... mem is leaf.
His mom is sweet.

.... gesicht liket lilk.
His face looks angry.

Sy sprekke .... taal.
They are speaking their language.

.... freon hat hûnger.
My friend is hungry.

.... keamer is skjin.
My room is clean.

Sy hawwe .... kar makke.
They have made their choice.

Ik kin .... helpe.
I can help her.

Frisian Pronouns Lesson 11

Goeie dei Frisian learner,

Try to do it without the English translations this time.
The right answers are on page 232.

.... mem is leaf.   .... gesicht liket lilk.

Ik kin .... helpe.   Sy sprekke .... taal.

Sy hawwe .... kar makke.   Is dat .... namme?

.... keamer is skjin.   Kin sy .... ferstean?

.... freon hat hûnger.   Sy kin .... better helpe.

In this exercise match the Frisian words to the right English words.
Match the words!

Leaf, Skjin, , Lilk, Taal, Kar, Hûnger, Ferstean, Gesicht Sprekke, Makke, Keamer, Liket

Understand	....	Made	....
Sweet	....	Looks	....
Speak	....	Room	....
Language	....	Clean	....
Hungry	....	Choice	....
Face	....	Angry	....

Frisian Pronouns Lesson 12

Goeie dei Frisian learner,

Several words are missing in the sentences below, can you complete them?
The right answers are on page 232.

.... hawwe .... kar ....
They have made their choice.

.... mem is ....
His mom is sweet.

Ik .... helpe.
I can help her.

.... sprekke ....
They are speaking their language.

Is dat ....?
Is that her name?

Kin sy ....?
Can she understand us?

.... gesicht .... lilk.
His face looks angry.

.... keamer is ....
My room is clean.

.... freon hat ....
My friend is hungry.

...... kin ...... better ....
She can help us better.

Subject: Food

(it) Iten	....	Food
(it) Miel	....	Meal
(ik) Yt	....	Eat
(de) Bôle	....	Bread
(de) Tsiis	....	Cheese
(it) Fleis	....	Meat/Flesh
(de) Bûter	....	Butter
(de) Rys	....	Rice
(it) Aai	....	Egg
(it) Sâlt	....	Salt
(de) Sûker	....	Sugar
(de) Sûkelade	....	Chocolate
(de) Ierpel	....	Potato
(de) Par	....	Pear
(de) Sipel	....	Onion
(de) Foarke	....	Fork
(it) Mês	....	Knife
(de) Leppel	....	Spoon
(de) Panne	....	Plate

Get to know these words by writing them down.

Introduction: Present Tense verbs

The next 36 lessons are dedicated to the Present Tense Verbs. You will get the chance to practice with 10 different Frisian verbs. Each verb has 3 or 4 lessons. The setup for these lessons are similar to the previous lessons you've done so far. There's a lot of repetition, but it will really help you to understand the Frisian verbs.

Lesson 1: Krij/Get

A goeie Frisian learner,

Use the table below to complete the sentences.
The right answers are on page 232.

Ik **krij**   I **get**
Dû **krijst**   You **get**
Hy, sy, it **krijt**   He, she, it **gets**
Wy, jo, jim, sy **krije**   We, you, you (pl.), they **get**

Jim .... neat fan ús.
You (pl.) won't get anything from us.

Sy .... it foar elkoar.
They are getting it done.

.... sy in idee?
Does she have an idea?

Jo .... in kado.
You get a gift.

Sy .... jild fan de âlde man.
She gets money from the old man.

.... jim wolris rûzje?
Do you (pl.) ever get into an argument?

Wy .... ynformaasje fan dy.
We get information from you.

Dû .... it net dien.
You are not getting it done.

Ik .... in nuver gefoel.
I am getting a weird feeling.

Wy .... in bern.
We are having a baby.

Jo .... moarn mear.
You will get more tomorrow.

Ik .... in bytsje hûnger.
I'm getting a little hungry.

Sy .... net genôch.
They don't get enough.

Dû .... ien kâns.
You will get one chance.

Lesson 2: Krij/Get

A goeie Frisian learner,

In this lesson don't look at the table. Try to complete the sentences below. The right answers are on page 232.

Sy .... jild fan de âlde man.
She gets money from the old man.

Jo .... in kado.
You get a gift.

.... jim wolris rûzje?
Do you (pl.) ever get into an argument?

Ik .... in bytsje hûnger.
I'm getting a little hungry.

Dû .... ien kâns.
You will get one chance.

.... sy in idee?
Does she have an idea?

Sy .... net genôch.
They don't get enough.

Sy .... it foar elkoar.
They are getting it done.

Ik .... in nuver gefoel.
I am having a weird feeling.

Wy .... ynformaasje fan dy.
We get information from you.

Dû .... it net dien.
You are not getting it done.

Jo .... moarn mear.
You will get more tomorrow.

Jim .... neat fan ús.
You (pl.) are not getting anything from us.

Wy .... in bern.
We're having a baby.

Lesson 3: Krij/Get

A goeie Frisian learner,

In this lesson try to complete the sentences without using the English translations. The right answers are on page 232.

.... sy in idee?

Wy .... ynformaasje fan dy.

Wy .... in bern.

Jim .... neat fan ús.

Sy .... jild fan de âlde man.

.... jim wolris rûzje?

Sy .... net genôch.

Ik .... in bytsje hûnger.

Ik .... in nuver gefoel.

Jo .... moarn mear.

Dû .... it net dien.

Jo .... in kado.

Sy .... it foar elkoar.

Dû .... ien kâns.

Match the words!

Kado, Idee, Gefoel, Elkoar, Nuver, Dien, Mear, Genôch, Moarn, Ynformaasje, Jild, Rûzje

Idea	....	Money	....
Feeling	....	Information	....
Done	....	An argument	....
Weird	....	More	....
Gift	....	Tomorrow	....
Each other	....	Enough	....

Lesson 4: Krij/Get

Hoi Frisian learner,

Several words are missing in the sentences, can you complete them?
The right answers are on page 232.

Sy .... jild .... de âlde ....
She gets money from the old man.

Wy .... fan dy.
We get information from you.

Sy .... net ....
They don't get enough.

Dû .... ien ....
You will get one chance.

Ik .... in bytsje ....
I'm getting a little hungry.

.... jim wolris ....?
Do you (pl.) ever get into an argument?

.... sy in ....?
Does she have an idea?

Jo .... in ....
You get a gift.

Dû .... it net ....
You are not getting it done.

Jo .... moarn ....
You will get more tomorrow.

Jim .... neat .... ús.
You (pl.) are not getting anything from us.

Wy .... in ....
We're having a baby.

Ik .... in nuver ....
I am getting a weird feeling.

Sy .... it foar ....
They are getting it done.

Lesson 1: Jou/Give

Hoi Frisian learner,

Here is a new verb with new sentences, can you complete these sentences?
The right answers are on page 233.

Ik **jou**
Dû **joust**
Hy, sy, it **jout**
Wy, jo, jim, sy **jouwe**

I **give/care**
You **give/care**
He, she, it **gives/care**
We, you, you (pl.), they **give/care**

Wy .... dy in nije wein.
We are giving you a new car.

Jim .... my in goed gefoel.
You (pl.) give me a good feeling.

Sy .... in protte om dy.
They care a lot about you.

It .... hielendal neat.
It doesn't matter.

Ik .... dy in kâns.
I am giving you a chance.

Dû .... my dyn nûmer.
You are giving me your number.

Jo .... net safolle om my.
You don't care that much about me.

Jim .... ús hoop.
You (pl.) are giving us hope.

It .... my fertrouwen.
It gives me confidence.

Wy .... om dyn sûnens.
We care about your health.

Sy .... net om jild.
They do not care about money.

Dû .... it net op.
You are not giving up.

.... ik dy hoop?
Am I giving you hope?

Lesson 2: Jou/Give

Hoi Frisian Learner,

In this lesson complete the sentences without using the table.
The right answers are on page 233.

Wy .... dy in nije wein.
We are giving you a new car.

Sy .... net om jild.
They do not care about money.

Wy .... om dyn sûnens.
We care about your health.

It .... hielendal neat.
It doesn't matter.

Jim .... my in goed gefoel.
You (pl.) give me a good feeling.

Dû .... my dyn nûmer.
You are giving me your number.

Sy .... in protte om dy.
They care a lot about you.

Jim .... ús hoop.
You (pl.) are giving us hope.

Jo .... net safolle om my.
You don't care that much about me.

Dû .... it net op.
You are not giving up.

Ik .... dy in kâns.
I am giving you a chance.

.... ik dy hoop?
Am I giving you hope?

It .... my fertrouwen.
It gives me confidence.

Lesson 3: Jou/Give

A goeie Frisian learner,

In this lesson complete the sentences without the table and the English translations. The right answers are on page 233.

Sy .... net om jild.

Dû .... it net op.

Sy .... in protte om dy.

Jo .... net safolle om my.

It .... hielendal neat.

Jim .... ús hoop.

Wy .... dy in nije wein.

.... ik dy hoop?

It .... my fertrouwen.

Wy .... om dyn sûnens.

Ik .... dy in kâns.

Jim .... my in goed gefoel.

Dû .... my dyn nûmer.

Match the words!

Gefoel, Nûmer, Wein, Kâns, Hoop, Safolle, Selsfertrouwen, Jild, Sûnens, Nije

Number	....	Health	....
Car	....	Hope	....
Feeling	....	Money	....
Chance	....	Confidence	....
New	....	So much	....

Lesson 4: Jou/Give

Goeie dei Frisian learner,

These sentences are missing several words, can you complete them?
The right answers are on page 233.

Wy .... dy in ....
We are giving you a new car.

Dû .... my dyn ....
You are giving me your number.

Dû .... it .... op.
You are not giving up.

It .... my ....
It gives me confidence.

Wy .... om dyn ....
We care about your health.

Ik .... dy in ....
I am giving you a chance.

It .... neat.
It doesn't matter.

Sy .... net om ....
They do not care about money.

Jo .... net .... om my.
You don't care that much about me.

Jim .... ús ....
You (pl.) are giving us hope.

.... ik dy ....?
Am I giving you hope?

Sy .... in .... om ....
They care a lot about you.

Jim .... my .... goed ....
You (pl.) give me a good feeling.

Lesson 1: Bin/Are

Hoi Frisian learner,

Here is a new verb and an important one. Use the table below to complete the sentences. The right answers are on page 234.

Ik **bin**   I **am**
Dû **bist**   You **are**
Hy, sy, it **is** He, she, it **is**
Wy, jo, jim, sy **binne**   We, you, you (pl.), they **are**

It .... goed nijs.
It is good news.

.... wy hast dêr?
Are we almost there?

Ik .... siik.
I am sick.

Dû .... oarser.
You are different.

Sy .... ûnderweis.
They are on their way.

Jo .... tûk.
You are smart.

.... jim fluch genôch?
Are you (pl.) fast enough?

Dû .... flugger as my.
You are faster than me.

.... jo lokkich?
Are you happy?

It .... hyt hjirre.
It is hot here.

.... ik goed genôch?
Am I good enough?

...... jim beide bûten yn de rein?
Are you both outside in the rain?

.... sy bang?
Are they scared?

Wy .... sa bliid mei dy.
We are so happy with you.

Lesson 2: Bin/Are

Goeie dei Frisian learner,

Try to complete sentences without the table.
The right answers are on page 234.

It .... goed nijs.
It is good news.

Ik .... siik.
I am sick.

Dû .... flugger as my.
You are faster than me.

.... wy hast dêr?
Are we almost there?

.... jim beide bûten yn de rein?
Are you both outside in the rain?

It .... hyt hjirre.
It is hot here.

.... ik goed genôch?
Am I good enough?

Dû .... oarser.
You are different.

.... jo lokkich?
Are you happy?

Sy .... ûnderweis.
They are on their way.

Wy .... sa bliid mei dy.
We are so happy with you.

Jo .... tûk.
You are smart.

.... jim fluch genôch?
Are you (pl.) fast enough?

.... sy bang?
Are they scared?

Lesson 3: Bin/Are

Goeie dei Frisian learner,

Try it this time without the English translations. The right answers are on page 234.

It .... goed nijs.

.... jim fluch genôch?

.... ik goed genôch?

Dû .... flugger as my.

Sy .... ûnderweis.

.... jo lokkich?

.... wy hast dêr?

Dû .... oarser.

.... sy bang?

It .... hyt hjirre.

Ik .... siik.

Wy .... sa bliid mei dy.

.... jim beide bûten yn de rein?

Jo .... tûk.

Match the words!

Fluch, Tûk, Ûnderweis, Oarser, Bang, Nijs, Rein, Bûten, Beide, Hyt, Bang, Lokkich

Smart	Hot ....
News	Happy ....
Fast	Outside ....
On the way	Scared ....
Different	Both ....
Rain	Afraid ....

Lesson 4: Bin/Are

Hoi Frisian learner,

In this lesson several words are missing. Try to complete the sentences.
The right answers are on page 234.

Ik ....
I am sick.

Sy ....
They are on their way.

Dû .... flugger .... my.
You are faster than me.

.... wy hast ....?
Are we almost there?

.... jim fluch ....?
Are you (pl.) fast enough?

It .... hjirre.
It is hot here.

Wy .... sa .... mei ....
We are so happy with you.

.... jo ....?
Are you happy?

Dû ....
You are different.

It .... goed ....
It is good news.

.... ik goed ....?
Am I good enough?

Jo ....
You are smart.

.... jim .... bûten yn de ....?
Are you both outside in the rain?

.... sy ....?
Are they scared?

Lesson 1: Gean/Go

Hoi Frisian learner,

Hoe is dyn dei? In this lesson we will work on another important verb. The right answers are on page 234.

Ik **gean**
Dû **giest**
Hy, sy, it **giet**
Wy, jo, jim, sy **geane**

I **go**
You **go**
He, she, it **goes**
We, you, you (pl.), they **go**

Hy .... nei hûs.
He is going home.

Ik .... mysels foarstelle.
I am going to introduce myself.

.... jim jûn hinne?
Are you (pl.) going tonight?

Wy .... nije wike hinne.
We are going next week.

It .... oan.
It goes on.

.... jo ek hinne?
Are you going too?

Sy .... my fertelle wêrom.
They're going to tell me why.

Dû .... it sizze.
You are going to say it.

Sy .... troch it wâld hinne.
They are going through the woods.

Jo .... net mei ús mei.
You are not coming with us.

.... wy it ek dwaan?
Are we also going to do it?

Ik .... it net sizze.
I'm not going to say it.

It .... net sa goed.
It's not going that well.

.... jim my helpe?
Are you (pl.) going to help me?

Sy .... net mear hinne.
She is not going anymore.

Dû .... mei my mei.
You are going with me.

Lesson 2: Gean/Go

Hoi Frisian learner,

In this lesson try without using the table. Complete the sentences below. The right answers are on page 235.

Wy .... nije wike hinne.
We are going next week.

It .... net sa goed.
It's not going that well.

It .... oan.
It goes on.

Hy .... nei hûs.
He is going home.

Sy .... my fertelle wêrom.
They're going to tell me why.

.... jim jûn hinne?
Are you (pl.) going tonight?

.... jim my helpe?
Are you (pl.) going to help me?

Sy .... troch it wâld hinne.
They are going through the woods.

Ik .... mysels foarstelle.
I am going to introduce myself.

.... jo ek hinne?
Are you going too?

.... wy it ek dwaan?
Are we also going to do it?

Sy .... net mear hinne.
She is not going anymore.

Jo .... net mei ús mei.
You are not coming with us.

Ik .... it net sizze.
I'm not going to say it.

Dû .... it sizze.
You are going to say it.

Dû .... mei my mei.
You are going with me.

Lesson 3: Gean/Go

Hoi Frisian learner,

Try it without the English translations in this lesson.
The right answers are on page 235.

Dû .... it sizze.

.... jo ek hinne?

Hy .... nei hûs.

.... jim my helpe?

Wy .... nije wike hinne.

Sy .... troch it wâld hinne.

.... jim jûn hinne?

Dû .... mei my mei.

Jo .... net mei ús mei.

Ik .... mysels foarstelle.

Ik .... it net sizze.

Sy .... my fertelle wêrom.

It .... net sa goed.

.... wy it ek dwaan?

It .... oan.

Sy .... net mear hinne.

Match the words!

Dwaan, Sizze, Jûn, Fertelle, Nije, Wike, Foarstelle, Wâld, Troch, Sizze

New	....	Evening	....
Introduce	....	Say	....
Week	....	Woods	....
Say	....	Through	....
To do	....	Tell (to)	....

Lesson 4: Gean/Go

Goeie dei Frisian learner,

The sentences in this lesson are missing several words, can you fill them in? The right answers are on page 235.

Wy .... wike hinne.
We are going next week.

.... jo .... hinne?
Are you going too?

.... jim my ....?
Are you (pl.) going to help me?

Sy .... troch it .... hinne.
They are going through the woods.

It .... net sa ....
It's not going that well.

Hy .... nei ....
He is going home.

Sy .... net .... hinne.
She is not going anymore.

Jo .... net ...... ús ......
You are not coming with us.

Ik .... mysels ....
I am going to introduce myself.

.... wy it ek ....?
Are we also going to do it?

Sy .... my .... wêrom.
They're going to tell me why.

Dû .... it ....
You are going to say it.

Ik .... it net ....
I'm not going to say it.

It ....
It goes on.

Dû .... mei my ....
You are going with me.

.... jim .... hinne?
Are you (pl.) going too?

Lesson 1: Doch/Do

A goeie Frisian learner,

Try to complete the sentences with the table below. The right answers are on page 235.

Ik **doch**	I **do**
Dû **dochst**	You **do**
Hy, sy, it **docht**	He, she, it **does**
Wy, jo, jim, sy **dogge**	We, you, you (pl.), they **do**

Ik .... hielendal neat.
I am not doing anything.

It .... my tinken oan dy.
It makes me think of you.

Jim .... genôch foar ús.
You (pl.) are doing enough for us.

.... hy it foar ús?
Is he doing it for us?

Sy .... der neat oan.
They are not doing anything about it.

It .... net wat ik wol.
It doesn't do what I want.

.... sy alles goed?
Is she doing everything right?

Hy .... it better.
He does it better.

.... jim wolris eat ferkeard?
Do you (pl.) ever do anything wrong?

Sy .... leaf tsjin my.
She is kind to me.

.... jo it foar de earste kear?
Are you doing it for the first time?

Wy .... dy net sear.
We are not going to hurt you.

Dû .... my sear.
You are hurting me.

Dû .... in bytsje nuver.
You are acting a little weird.

Sy .... it ferkeard.
They are doing it wrong.

Ik .... net mei.
I am not going to participate.

Wy .... it neffens my net goed.
In my opinion, we are not doing it right.

Wat .... jo der oan?
What are you doing about it?

Lesson 2: Doch/Do

Hoi Frisian learner,

This lesson doesn't have a table you can use. Complete the sentences below. The right answers are on page 235.

It .... net wat ik wol.
It does not do what I want.

Dû .... in bytsje nuver.
You are acting a little weird.

Wy .... it neffens my net goed.
In my opinion, we are not doing it right.

.... jim wolris eat ferkeard?
Do you (pl.) ever do something wrong?

Sy .... it ferkeard.
They are doing it wrong.

Ik .... hielendal neat.
I am not doing anything.

.... sy alles goed?
Is she doing everything right?

Wy .... dy net sear.
We are not going to hurt you.

Ik .... net mei.
I am not going to participate.

Sy .... leaf tsjin my.
She is kind to me.

Jim .... genôch foar ús.
You (pl.) are doing enough for us.

.... jo it foar de earste kear?
Are you doing it for the first time?

Dû .... my sear.
You are hurting me.

Wat .... jo der oan?
What are you doing about it?

Sy .... der neat oan.
They're not doing anything about it.

It .... my tinken oan dy.
It is making me think of you.

Hy .... it better.
He does it better.

.... hy it foar ús?
Is he doing it for us?

Lesson 3: Doch/Do

A goeie Frisian learner,

In this lesson try to complete the sentences without the English translations. The right answers are on page 236.

It .... my tinken oan dy.

Ik .... hielendal neat.

Hy .... it better.

.... hy it foar ús?

Sy .... der neat oan.

It .... net wat ik wol.

Sy .... it ferkeard.

.... sy alles goed?

Wy .... dy net sear.

Dû .... in bytsje nuver.

.... jo it foar de earste kear?

Ik .... net mei.

Dû .... my sear.

.... jim wolris eat ferkeard?

Sy .... leaf tsjin my.

Wy .... it neffens my net goed.

Jim .... genôch foar ús.

Wat .... jo der oan?

Match the words!

Sear, Foarste, Neat, Leaf, Tsjin my, Alles, Ferkeard, In bytsje, Neffens, Net

Nothing ....

First ....

Kind ....

Sore ....

Not ....

To me ....

Wrong ....

A bit ....

According ....

Everything ....

Lesson 4: Doch/Do

Goeie dei Frisian learner,

Several words are missing, can you complete these sentences?
The right answers are on page 236.

Sy .... leaf .... my.
She is kind to me.

Sy .... it ....
They are doing it wrong.

It .... wat ik ....
It does not do what I want.

Hy .... it ....
He does it better.

Wat .... jo der ....?
What are you doing about it?

Jim .... foar ús.
You (pl.) are doing enough for us.

It .... tinken ...... dy.
It makes me think of you.

Dû .... in bytsje ....
You are acting a little weird.

Ik .... neat.
I am not doing anything.

Wy ...... it .... my net ......
In my opinion, we are not doing it right.

.... jo it ...... de earste ......?
Are you doing it for the first time?

.... sy .... goed?
Is she doing everything right?

Wy .... dy net ....
We are not going to hurt you.

Ik .... net ....
I am not going to participate.

.... jim .... eat ferkeard?
Do you (pl.) ever do something wrong?

.... hy it .... ús?
Does he do it for us?

Dû .... my ....
You are hurting me.

Sy .... der .... oan.
They're not doing anything about it.

Lesson 1: Haw/Have

Hoi Frisian learner,

Let's introduce a new verb to you. Use the table to complete the sentences.
The right answers are on page 236.

Ik **haw**	I **have**
Dû **hast**	You **have**
Hy, sy, it **hat**	He, she, it **has**
Wy, jo, jim, sy **hawwe**	We, you, you (pl.), they **have**

Sy .... it dien.
She did it.

Ik .... in nije.
I have a new one.

.... hy it by him?
Does he have it with him?

.... jim it foar my dien?
Did you (pl.) do it for me?

Sy .... it beide sjoen.
They both have seen it.

Hy .... it dien.
He did it.

Sy .... gjin lok.
She has no luck.

Jo .... bern.
You have children.

Dû .... genôch iten.
You have enough food.

Sy .... de doar ticht dien.
She closed the door.

Jo .... it sjoen.
You have seen it.

Wy .... in protte lok.
We have a lot of luck.

Wy .... gjin iten.
We have no food.

Dû .... myn boek.
You have my book.

Ik .... nijs.
I have news.

Sy .... net genôch.
They do not have enough.

Lesson 2: Haw/Have

Goeie dei Frisian learner,

In this lesson try to fill in the missing words. The right answers are on page 236.

Wy .... in protte lok.
We have a lot of luck.

Sy .... gjin lok.
She has no luck.

Jo .... it sjoen.
You have seen it.

.... hy it by him?
Does he have it with him?

Hy .... it dien.
He did it.

Wy .... gjin iten.
We have no food.

Ik .... in nije.
I have a new one.

Sy .... it beide sjoen.
They both have seen it.

Dû .... genôch iten.
You have enough food.

.... jim it foar my dien?
Did you (pl.) do it for me?

Sy .... it dien.
She did it.

Jo .... bern.
You have children.

Ik .... nijs.
I have news.

Sy .... net genôch.
They do not have enough.

Dû .... myn boek.
You have my book.

Sy .... de doar ticht dien.
She closed the door.

Lesson 3: Haw/Have

A goeie Frisian learner,

In this lesson try without the English translations. Complete the sentences.
The right answers are on page 237.

Sy .... gjin lok.

Sy .... net genôch.

Sy .... it beide sjoen.

Ik .... nijs.

Jo .... bern.

Wy .... in protte lok.

Dû .... genôch iten.

Sy .... de doar ticht dien.

Jo .... it sjoen.

Sy .... it dien.

.... jim it foar my dien?

Dû .... myn boek.

Hy .... it dien.

Ik .... in nije.

.... hy it by him?

Wy .... gjin iten.

Match the words!

Nije, Beide, Bern, Doar, Ticht, Genôch, Sjoen, Book, Gjin, Tegearre, Lok, Nijs

Seen	....	New	....
Door	....	Together	....
Closed/Shut	....	Luck	....
Enough	....	None	....
Boek	....	Both	....
Nijs	....	Children	....

Lesson 4: Haw/Have

A goeie Frisian learner,

Can you complete the sentences? The right answers are on page 237.

Wy .... in protte ....
We have a lot of luck.

Sy .... gjin ....
She has no luck.

Sy .... it beide ....
They both have seen it.

Sy .... net ....
They do not have enough.

Hy .... it ....
He did it.

Sy .... de .... ticht dien.
She closed the door.

Jo .... it ....
You have seen it.

Dû .... myn ....
You have my book.

Ik .... nijs.
I have news.

Jo .... bern.
You have children.

Dû .... genôch ....
You have enough food.

.... jim it ...... my ......?
Did you (pl.) do it for me?

Wy .... gjin ....
We have no food.

.... hy it .... him?
Does he have it with him?

Ik .... in ....
I have a new one.

Sy .... it ....
She did it.

Lesson 1: Sjoch/See

Goeie dei Frisian learner,

Here is a new verb. This verb only has 3 lessons. Try to complete the sentences. The right answers are on page 237.

Ik **sjoch**   I **see/look**
Dû **sjochst**   You **see/look**
Hy, sy, it **sjocht** He, she, it **sees/looks**
Wy, jo, jim, sy **sjogge** We, you, you (pl.), they **see/look**

Wy .... dat it net goed giet.
We see that things are not going well.

Dû .... my net.
You don't see me.

Jim .... in grutte fûgel.
You (pl.) see a big bird.

Sy .... it tige goed.
They see it very well.

Ik .... mysels yn de spegel.
I see myself in the mirror.

Sy .... net wat sy docht.
She doesn't see what she's doing.

Jo .... it ferskil net.
You don't see the difference.

Match the words!

Wat, Tige, Spegel, Mysels, Ferskil, Fûgel

Bird ....   Mirror ....
Difference ....   Very ....
Myself ....   What ....

Lesson 2: Sjoch/See

Goeie dei Frisian learner,

Try to complete the sentences without the English translations.
The right answers are on page 237.

Ik **sjoch**   I see/look
Dû **sjochst**   You see/look
Hy, sy, it **sjocht** He, she, it sees/looks
Wy, jo, jim, sy **sjogge** We, you, you (pl.), they see/look

Wy .... dat it net goed giet.   Dû .... my net.

Jim .... in grutte fûgel.   Jo .... it ferskil net.

Sy .... it tige goed.   Ik .... mysels yn de spegel.

Sy .... net wat sy docht.

Lesson 3: Sjoch/See

Goeie dei Frisian learner,

Several words are missing, try to complete them without using the table.
The right answers are on page 237.

Ik .... mysels .... de ....   Jo .... it .... net.
I see myself in the mirror.   You don't see the difference.

Jim .... in grutte ....   Sy .... net wat ....
You (pl.) see a big bird.   She doesn't see what she's doing.

Sy .... it .... goed.   Dû .... my ....
They see it very well.   You don't see me.

Wy .... dat .... net .... giet.
We see that things are not going well.

Lesson 1: Tink/Think

Goeie dei Frisian learner,

Here is a new verb with new Frisian sentences, folle lok!
The right answers are on page 238.

Ik **tink**	I **think**
Dû **tinkst**	You **think**
Hy, sy, it **tinkt**	He, she, it **thinks**
Wy, jo, jim, sy **tinke**	We, you, you (pl.), they **think**

Wy .... oan dy.
We are thinking of you.

Sy .... dat sy hiel wat is.
She thinks she is quite something.

Jim .... itselde.
You (pl.) think the same.

Ik .... dat ik it wol kin.
I think I can do it.

Jo .... dat jo wat fergetten binne.
You think you forgot something.

Dû .... dat ik it net kin.
You think that I cannot do it.

Match the words!

Dat, Wat, Fergetten, Werom, Wolris, Itselde

Ever	....	The same	....
Back	....	Forgotten	....
What	....	That	....

Lesson 2: Tink/Think

Goeie dei Frisian learner,

Try it without English translations this time. The right answers are on page 238.

Ik **tink**   I **think**
Dû **tinkst**   You **think**
Hy, sy, it **tinkt** He, she, it **thinks**
Wy, jo, jim, sy **tinke**   We, you, you (pl.), they **think**

Wy .... oan dy.

Sy .... dat sy hiel wat is.

Jim .... itselde.

Ik .... dat ik it wol kin.

Jo .... dat jo wat fergetten binne.

Dû .... dat ik it net kin.

Lesson 3: Tink/Think

Goeie dei Frisian learner,

Let's try it without the table and with more gaps to fill in!
The right answers are on page 238.

Jim ....
You think the same.

Ik .... dat ...... it ...... kin.
I think I can do it.

Jo .... dat .... wat .... binne.
You think you forgot something.

Dû .... dat ik net ....
You think that I cannot do it.

Sy .... dat .... wat is.
She thinks she is quite something.

Wy .... oan ....
We are thinking of you.

Lesson 1: Brûk/Use

Goeie dei Frisian learner,

Time for a new verb and some new Frisian sentences!
The right answers are on page 238.

Ik brûk   I use
Dû brûkst   You use
Hy, sy, it brûkt   He, she, it uses
Wy, jo, jim, sy brûke   We, you, you (pl.), they use

Jo .... in leppel.   Dû .... har wein.
You are using a spoon.   You are using her car.

Sy .... myn skrift.   Sy .... har ferstân net.
They use my notebook.   She is not using her brain.

Ik .... dyn tillefoan.   Jim .... my.
I am using your telephone.   You (pl.) are using me.

Match the words!

Leppel, Ferstân, Net, Wein, Skrift, Tillefoan

Understanding ....   Spoon   ....
Telephone   ....   Car   ....
Notebook   ....   Not   ....

Lesson 2: Brûk/Use

A goeie Frisian learner,

Try it without the English translations now. The right answers are on page 238.

Ik **brûk**   I **use**
Dû **brûkst**   You **use**
Hy, sy, it **brûkt**   He, she, it **uses**
Wy, jo, jim, sy **brûke** We, you, you (pl.), they **use**

Sy .... har ferstân net.   Sy .... myn skrift.

Jim .... my.   Dû .... har wein.

Ik .... dyn tillefoan.   Jo .... in leppel.

Lesson 3: Brûk/Use

A goeie Frisian learner,

Several words are missing, can you complete the sentences?
The right answers are on page 238.

Jo .... in ....   Sy .... har .... net.
You are using a spoon.   She is not using her brain.

Sy .... myn ....   Dû .... har ....
They use my notebook.   You are using her car.

Jim ....   Ik .... dyn ....
You (pl.) are using me.   I am using your telephone.

Lesson 1: Hâld/Hold

A goeie Frisian learner,

Here is another new verb! In Frisian 'hâlde' can also mean 'to like' or 'to love'. Complete the sentences. The right answers are on page 238.

Ik **hâld**	I **hold/love or like**
Dû **hâldst**	You **hold/love or like**
Hy, sy, it **hâldt**	He, she, it **holds/loves or likes**
Wy, jo, jim, sy **hâlde**	We, you, you (pl.), they **hold/love or like**

Wy .... net fan keunst.
We do not like art.

Ik .... dy fêst.
I am holding you tight.

Sy .... allegear fan dy.
They all love you.

Jo .... it stjoer fêst.
You are holding the steering wheel.

Dû .... net fan my.
You do not love me.

.... jim fan dûnsje?
Do you (pl.) like dancing?

Sy .... fan har mem.
She loves her mom.

Match the words!

Mei, Fan, Mem, Dûnsje, Keunst, Stjoer, Allegear, Fêst

Fixed	....	Art	....
Steering wheel	....	All (of them)	....
Dance (to)	....	Mom	....
Of	....	With	....

Lesson 2: Hâld/Hold

A goeie Frisian learner,

Let's do this with the English translation, shall we?
The right answers are on page 238.

Ik **hâld**	I hold/love or like
Dû **hâldst**	You hold/love or like
Hy, sy, it **hâldt**	He, she, it hold/loves or likes
Wy, jo, jim, sy **hâlde**	We, you, you (pl.), they hold/love or like

Sy .... fan har mem.

.... jim fan dûnsje?

Wy .... net fan keunst.

Ik .... dy fêst.

Dû .... net fan my.

Sy .... allegear fan dy.

Jo .... it stjoer fêst.

Lesson 3: Hâld/Hold

Hoi Frisian learner,

Let's do this without a table. The right answers are on page 239.

Sy .... fan dy.
They all love you.

Ik .... dy ....
I am holding you tight.

Wy .... net fan ....
We do not like art.

.... jim fan ....?
Do you (pl.) like dancing?

Dû .... net .... my.
You do not love me.

Sy .... fan har ....
She loves her mom.

Jo .... it .... fêst.
You are holding the steering wheel.

Subject: Family

(de) Heit	....	Father/Dad
(de) Mem	....	Mom/Mother
(de) Pake	....	Grandpa
(de) Beppe	....	Grandma
(de) Muoike	....	Aunt
(de) Omke	....	Uncle
(de) Broer	....	Brother
(it) Broerke	....	Younger brother
(de) Sus	....	Sister
(it) Suske	....	Younger sister
(de) Soan	....	Son
(de) Dochter	....	Daughter
(de) Neef	....	Cousin (male)
(it) Neefke	....	Cousin (younger male)
(de) Nicht	....	Cousin (female)
(de) Bernsbern	....	Grandchildren
(it) Bern	....	Child
(de) Bern	....	Children
(it) Famke	....	Girl
(it) Jonkje	....	Boy

Get to know these words by writing them down.

Introduction: Question Words

In this chapter we will work on the 7 Frisian words that 'create' a question. The chapter is quite easy and helpful. This chapter has 8 lessons.

Question words Lesson 1

Goeie dei Frisian learner,

Hoe is it mei dy? Put the right 'question words' in the right sentence.
The right answers are on page 239.

Wannear	When	Wêrom	Why
Wat	What	Hokker	Which (Sometimes translated as 'what')
Wa	Who	Hoe	How
Wêr	Where		

.... bistû wer thús?
When are you going to be home again?

.... bistû?
Who are you?

.... is foar dy wichtich?
What is important to you?

.... sille wy hinne gean?
Where shall we go?

.... sille wy it dwaan?
How are we going to do it?

.... dei is it hjoed?
What day is it today?

.... kin it net?
Why is it not possible?

.... moatte wy del?
Where do we need to go?

.... bistû sa betiid?
Why are you so early?

.... is dyn nûmer?
What is your number?

Match the words!

Betiid, Dwaan, Hinne, Wichtich, Nûmer, Hjoed, Sille, Wer, Thús, Dei, Wike, Frij

Shall	....	Today	....
Important	....	Number	....
Again	....	Week	....
Home	....	Free	....
Day	....	Early	....
To do	....	To, Away	....

Question words Lesson 2

Goeie dei Frisian learner,

Let's introduce you to some new Frisian sentences.
The right answers are on page 239.

Wannear	When
Wat	What
Wa	Who
Wêr	Where

Wêrom	Why
Hokker	Which (Sometimes translated as 'what')
Hoe	How

…….. binne wy?
Where are we?

…….. giestû studearje?
What are you going to study?

…….. nimstû?
Which one do you take?

Sûnt …….. joustû om my?
Since when do you care about me?

…….. bistû lilk?
Why are you angry?

…….. folle moatte wy betelje?
How much do we need to pay?

…….. tinkstû datstû bist?
Who do you think you are?

Sûnt …….. kinstû dat?
Since when can you do that?

…….. wike hastû frij?
What week are you free?

…….. is dat mooglik?
How is that possible?

…….. komt hjir wei?
Who comes from here?

Match the words!

Lilk, Tinkstû, Betiid, Hastû, Sûnt, Studearje, Mooglik, Joustû, Datstû, Betelje

Pay (to)	……………………	Since	……………………
Study (to)	……………………	Possible	……………………
You care	……………………	Early	……………………
Angry	……………………	That you	……………………
You think	……………………	Have you	……………………

56

Question words Lesson 3

Goeie dei Frisian learner,

Repetition is key. Try to complete the sentences below without looking at the question words. The right answers are on page 239.

.... moatte wy del?
Where do we need to go?

.... bistû?
Who are you?

.... tinkstû datstû bist?
Who do you think you are?

Sûnt .... joustû om my?
Since when do you care about me?

.... kin it net?
Why is it not possible?

.... wike hastû frij?
What week are you free?

.... sille wy it dwaan?
How are we going to do it?

.... is foar dy wichtich?
What is important to you?

.... binne wy?
Where are we?

...... folle moatte wy betelje?
How much do we need to pay?

.... bistû lilk?
Why are you angry?

Sûnt .... kinstû dat?
Since when can you do that?

.... sille wy hinne gean?
Where shall we go?

.... komt hjir wei?
Who comes from here?

.... nimstû?
Which one do you take?

.... bistû sa betiid?
Why are you so early?

.... is dyn nûmer?
What is your number?

.... bistû wer thús?
When are you going to be home again?

.... is dat mooglik?
How is that possible?

.... giestû studearje?
What are you going to study?

.... dei is it hjoed?
What day is it today?

Question words Lesson 4
Goeie dei Frisian learner,

Give it a shot without the English translations. The right answers are on page 239.

.... tinkstû datstû bist?

.... is foar dy wichtich?

.... sille wy it dwaan?

.... bistû?

.... binne wy?

.... is dat mooglik?

.... nimstû?

.... komt hjir wei?

.... giestû studearje?

Sûnt .... kinstû dat?

.... is dyn nûmer?

.... wike hastû frij?

.... bistû sa betiid?

.... moatte wy del?

.... folle moatte wy betelje?

Sûnt .... joustû om my?

.... dei is it hjoed?

.... bistû sa betiid?

.... sille wy hinne gean?

.... bistû wer thús?

.... bistû lilk?

Question words Lesson 5

Goeie dei Frisian learner,

Let's see how much you remembered from the previous lessons. Complete the sentences! The right answers are on page 240.

…… sille …… it ……?
How are we going to do it?

…… bistû sa ……?
Why are you so early?

…… …… hastû ……?
What week are you free?

Sûnt …… …… om my?
Since when can you do that?

…… moatte wy ……?
Where do we need to go?

…… bistû ……?
Why are you angry?

…… is dyn ……?
What is your number?

…… nimstû?
Which one do you take?

…… sille …… hinne ……?
Where shall we go?

…… …… kinstû dat?
Since when can you do that?

…… bistû wer ……?
When are you going to be home again?

…… folle …… wy ……?
How much do we need to pay?

…… binne ……?
Where are we?

…… tinkstû …… bist?
Who do you think you are?

…… is …… dy ……?
What is important to you?

…… bistû?
Who are you?

…… …… is it ……?
What day is it today?

…… giestû ……?
What are you going to study?

…… kin …… ……?
Why is it not possible?

…… komt …… wei?
Who comes from here?

…… is dat ……?
How is that possible?

Subject: Calendar

(de) Wike	....	Week
(it) Wykein	....	Weekend
(de) Moandei	....	Monday
(de) Tiisdei	....	Tuesday
(de) Woansdei	....	Wednesday
(de) Tongersdei	....	Thursday
(de) Freed	....	Friday
(de) Saterdei/Sneon	....	Saturday
(de) Snein	....	Sunday
(de) Moarns	....	Morning
(de) Moarn	....	Tomorrow
Juster	....	Yesterday
(de) Middei	....	Afternoon
(de) Jûn	....	Evening
(de) Nacht	....	Night

Get to know these words by writing them down.

Introduction: Adjectives

This chapter is a little harder than the other ones you've seen so far. An adjective is a word that says something about a noun. Like 'a red car'. But how does it work in Frisian? You will find out in the next 3 lessons.

Adjectives Lesson 1

A goeie Frisian learner,

Please pay attention to the following instructions.

When a Frisian word becomes an adjective, it will get +e at the end.
Example: De lilke man   (The angry man)
This **won't** happen when an it-word that's used as an in-word.
Like in this example: It hûs
                          It nije hûs
                          In nij hûs   Note: there are no such words in the exercise below.

There are additions to this rule: if the word ends with 'ch', the 'ch' will become 'g'. (+e)

An example: Fluch → Flugge

When the word has one u, e, a or o the 'g' as in the example above, it will get doubled. ('gg')

When the word has for instance a double 'ee', it changes into one single 'e'.
An example: Leech → Lege

If a word ends with a 's', the 's' will become a 'z' (+e).

Like this: Kreas → Kreaze

Use these instructions to make a right adjective in the following sentences. The right answers are on page 240.

| Moai | In .... nacht. | Grien | De .... greide. |
| Lovely | A lovely night. | Green | The green meadow. |

| Dreech | It .... ferkear. | Read | De .... ierpels. |
| Slow | The slow traffic. | Red | The red potatoes. |

| Min | It .... waar. | Kreas | Myn .... faam. |
| Bad | The bad weather. | Pretty | My pretty girlfriend. |

Frisian	Example	Frisian	Example
Wiet Wet	De .... snie. The wet snow.	**Sterk** Strong	It .... hynder. The strong horse.
Krêftich Powerful	De .... wyn. The powerful wind.	**Wichtich** Important	De .... ôfspraak. The important appointment.
Heech High	De .... toer. The high tower.	**Nij** New	It .... hûs. The new house.
Frysk Frisian	De .... man. The Frisian man.	**Hiel** Whole	De .... wike. The whole week.
Lûd Loud	De .... rûmte. The loud room.	**Koart** Short	De .... neil. The short nail.
Lyts Little	It .... skerm. The little screen.	**Fol** Full	De .... amer. The full bucket.
Âld Old	De .... skuorre. The old barn.	**Kâld** Cold	De .... kuolkast. The cold fridge.
Grut Big	In .... tsjerke. A big church.		

A recap of the Frisian words

A goeie Frisian learner,

In the last lesson you've seen a lot of new words. Let's see whether you still remember them. The right answers are on page 240. **Match the words!**

Faam, Skuorre, Snie, Hynder, Tsjerke, Waar, Ierpels, Greide, Neil, Min

Snow	....	Potatoes	....
Church	....	Meadow	....
Girlfriend	....	Nail	....
Weather	....	Barn	....
Bad	....	Horse	....

Kuolkast, Skerm, Wyn, Ferkear, Wike, Toer, Amer, Rûmte, Nacht, Ôfspraak

Week	....	Bucket	....
Night	....	Tower	....
Fridge	....	Space	....
Wind	....	Screen	....
Appointment	....	Traffic	....

Wichtich, Kâld, Dreech, Moai, Grut, Lûd, Heech, Krêftich, Wiet, Read

Red	....	Powerful	....
Important	....	High	....
Slow	....	Cold	....
Wet	....	Loud	....
Big	....	Lovely	....

Adjectives Lesson 2

A goeie Frisian learner,

Let's do some revision. Write the correct form of the adjectives without looking at the rules. You should be able to do it now.
The right answers are on page 241.

Kreas Pretty	Myn .... faam. My pretty girlfriend.	**Min** Bad	It .... waar. The bad weather.
Read Red	De .... ierpels. The red potatoes.	**Dreech** Slow	It .... ferkear. The slow traffic.
Grien Green	De .... greide. The green meadow.	**Wiet** Wet	De .... snie. The wet snow.
Moai Lovely	In .... nacht. A lovely night.	**Krêftich** Powerful	De .... wyn. The powerful wind.
Grut Big	In .... tsjerke. A big church.	**Kâld** Cold	De .... kuolkast. The cold fridge.
Heech High	De .... toer. The high tower.	**Wichtich** Important	De .... ôfspraak. The important appointment.
Sterk Strong	It .... hynder. The strong horse.	**Âld** Old	De .... skuorre. The old barn.
Fol Full	De .... amer. The full bucket.	**Lûd** Loud	De .... rûmte. The loud room.
Lyts Little	It .... skerm. The little screen.	**Hiel** Whole	De .... wike. The whole week.
Nij New	It .... hûs. The new house.	**Frysk** Frisian	De .... man. The Frisian man.
Koart Short	De .... neil. The short nail.		

Subject: Drinks

(de) Kofje	....	Coffee
(it) Wetter	....	Water
(de) Tee	....	Tea
(de) Molke	....	Milk
(de) Alkohol	....	Alcohol
(it) Sop	....	Juice
(de) Hjitte poeiermolke	....	Hot chocolate
(it) Bier	....	Beer
(de) Sineappelsop	....	Orange juice
(de) Wyn	....	Wine

Get to know these words by writing them down.

Introduction: Place & Direction words

The words in this chapter indicate a place or a direction, which are key to a sentence. The chapter has 6 lessons. The only thing you need to do is complete the sentences with the right word.

Place & Direction Lesson 1

Hoi Frisian learner,

Here are some of these words.

Hjir Here
Dêr There
Nearne Nowhere
Earne Somewhere
Oeral Everywhere

Try to put all the words above twice into a sentence below.
The right answers are on page 241.

.... bin ik al west.
I've been here already.

De sinne is ....
The sun is everywhere.

Ik wol graach .... hinne.
I would like to go somewhere.

.... is dyn freon.
There is your friend.

Ik kin .... hinne.
I can't go anywhere.

.... is it better.
Nowhere is it better.

Ik fiel my .... thús.
I feel at home everywhere.

Sille wy .... hinne?
Shall we go somewhere?

.... wol ik graach hinne.
I would like to go there.

Wy kinne .... net bliuwe.
We cannot stay here.

Place & Direction Lesson 2

Hoi Frisian learner,

Hopefully you've learned the words from the last lesson. Try to write them without looking at the words of the last lesson. The right answers are on page 241.

De sinne is ....
The sun is everywhere.

Ik wol graach .... hinne.
I would like to go somewhere.

.... is it better.
Nowhere is it better.

.... wol ik graach hinne.
I would like to go there.

.... bin ik al west.
I've been here already.

Ik fiel my .... thús.
I feel at home everywhere.

.... is dyn freon.
There is your friend.

Wy kinne .... net bliuwe.
We cannot stay here.

Sille wy .... hinne?
Shall we go somewhere?

Ik kin .... hinne.
I can't go anywhere.

Match the words!

Bliuwe, Freon, Sinne, Hinne, West, Al, Graach, Thús, Sille, Fiel

Already	....	Would like to	....
Friend	....	Feel	....
Sun	....	At home	....
Been	....	Shall	....
Stay	....	To, Away	....

Place & Direction Lesson 3

Hoi Frisian learner,

Here are some new words. The right answers are on page 241.

Rjochts   Right   Efter   Behind
Lofts   Left   Fier   Far
Njonken, Nêst, Neist   Next to

The words for 'next to' all have the same meaning and can all be used in the same context.

.... my is in wei.
Next to me is a road.

Dû moatst hjir nei ....
You need to turn left here.

Hy sit .... dy.
He sits behind you.

Hoe .... bistû fuort?
How far away are you?

Sjoch ris nei ....
Look to the right.

Wy binne tige .... fuort.
We are very far away.

Eltsenien is nei .... gien.
Everyone has gone to the left.

Kin ik .... dy sitte?
Can I sit next to you?

It is .... de doar.
It is behind the door.

Wy kinne net nei ....
We cannot turn right.

Place & Direction Lesson 4

Hoi Frisian learner,

Hopefully you've learned the words from the last lesson. Try to write them without looking at the words of the last lesson. The right answers are on page 241.

Wy binne tige .... fuort.
We are very far away.

Wy kinne net nei ....
We cannot turn right.

Eltsenien is nei .... gien.
Everyone has gone to the left.

Sjoch ris nei ....
Look to the right.

Dû moatst hjir nei ....
You need to turn left here.

.... my is in wei.
Next to me is a road.

Kin ik .... dy sitte?
Can I sit next to you?

Hy sit .... dy.
He sits behind you.

Hoe .... bistû fuort?
How far away are you?

It is .... de doar.
It is behind the door.

Match the words!

Sjoch, Eltsenien, Doar, Wei, Fuort, Tige, Hoe, Nei, Bistû, Sitte

To	....	Away	....
Look	....	Door	....
Are you	....	Very	....
Road	....	Sit (to)	....
How	....	Everyone	....

Place & Direction Lesson 5

Goeie dei Frisian learner,

Take a look at these new words. The right answers are on page 242.

Werom Back (Can be used in the same cases as 'tebek')
Tebek Going back (Without turning)
Ûnder Under, Beneath, Below
Boppe Above
Binnen Inside
Bûten Outside

.... yn de loft.
Up in the sky.

Sille wy nei ....?
Shall we go inside?

Syn skuon wiene ...... syn bêd.
His shoes were under his bed.

It libben wie oarser hûndert jier ......
Life was different a hundred years ago

Sy wol graach .... bliuwe.
She wants to stay outside.

Wy moatte .... gean.
We need to go back.

.... yn de toer.
Up in the tower.

Wolstû .... gean?
Do you want to go back?

Hy sit .... de treppe.
He is sitting under the stairs.

.... is it waarm.
It is warm inside.

Somtiden winskje ik dat wy .... koene yn de tiid.
Sometimes I wish we could go back in time.

.... is it tige kâld.
It is very cold outside.

Place & Direction Lesson 6

Goeie dei Frisian learner,

Hopefully you got to know the words from the last lesson, because I want you to try it without looking at them. Dû kinst it! The right answers are on page 242.

.... yn de toer.
Up in the tower.

Somtiden winskje ik dat wy .... koene yn de tiid.
Sometimes I wish we could go back in time.

Syn skuon wiene ...... syn bêd.
His shoes were under his bed.

Sille wy nei ....?
Shall we go inside?

Wy moatte .... gean.
We need to go back.

It libben wie oarser hûndert jier ....
Life was different a hundred years ago.

.... is it tige kâld.
It is very cold outside.

Wolstû .... gean?
Do you want to go back?

.... is it waarm.
It is warm inside.

Hy sit .... de treppe.
He is sitting under the stairs.

Sy wol graach ...... bliuwe.
She wants to stay outside.

.... yn de loft.
Up in the sky.

Match the words!

Tiid, Kâld, Loft, Jier, Skuon, Bêd, Oarser, Somtiden, Winskje, Hûndert, Toer, Treppe

Hundred	....	Sometimes	....
Sky	....	Stairs	....
Bed	....	Tower	....
Year	....	Wish	....
Shoes	....	Time	....
Cold	....	Different	....

Subject: Animals

(de) Stikelbaarch	....	Hedgehog
(de) Hûn	....	Dog
(de) Kat	....	Cat
(de) Knyn	....	Rabbit/Bunny
(de) Baarch	....	Pig/Hog/Boar
(it) Skiep (also plural)	....	Sheep
(de) Ko	....	Cow
(de) Kij	....	Cows
(it) Hynder	....	Horse
(de) Fûgel	....	Bird
(de) Mûs	....	Mouse
(de) Mich	....	Fly
(de) Flinter	....	Butterfly
(de) Tiger	....	Tiger
(de) Bear	....	Bear
(de) Ûle	....	Owl

Get to know these words by writing them down.

Introduction: Opposite Words

This might be the easiest chapter in this whole book, because all the information you need is already given to you. But why? The idea behind this concept is getting to know the words by writing them down. With other words: to expand your Frisian vocabulary.

Opposite words Lesson 1

Goeie dei Frisian learner,

Here are 16 different words below. Use them for the exercises.
The right answers are on page 242.

Lyts	Little	Wetter	Water	Kreas	Pretty	Lang	Long
Fjoer	Fire	Fet	Fat	Efter	Behind	Ûnsjoch	Ugly
Famke	Girl	Jonkje	Boy	Koart	Short	Foar	For
Min	Bad	Grut	Big	Tin	Thin	Goed	Good

Match the opposites!

Min, Lang, Fjoer, Ûnsjoch, Tin, Famke, Lyts, Efter

Grut ....   Jonkje ....

Fet ....   Kreas ....

Goed ....   Koart ....

Wetter ....   Foar ....

Write the Frisian word!

Big .... Small ....   Boy .... Girl ....

Good .... Bad ....   Fat .... Thin ....

Water .... Fire ....   For .... Behind ....

Pretty .... Ugly ....   Long .... Short ....

Opposite words Lesson 2

Goeie dei Frisian learner,

Take a look at the words below. Use them for the exercises.
The right answers are on page 242.

Fijân	Foe	Boppe	Above	Nearne	Nowhere	In protte	A lot
Leech	Empty	Nea	Never	In bytsje	A bit	Antwurdzje	Answer (to)
Ein	End	Begjin	Begin	Freegje	Ask	Earne	Somewhere
Fol	Full	Freon	Friend	Ea	Ever	Ûnder	Under

Match the opposites!

Fol, In protte, Antwurdzje, Freon, Begjin, Ea, Ûnder, Earne

Ein ....   Leech ....

Nea ....   In bytsje ....

Boppe ....   Nearne ....

Fijân ....   Freegje ....

Write the Frisian words!

End ....   Begin ....   Foe ....   Friend ....

Full ....   Empty ....   Ever ....   Never ....

Above ....   Under ....   Ask ....   Answer ....

A bit ....   A lot ....   Nowhere ....   Somewhere ....

Opposite words Lesson 3

Goeie dei Frisian learner,

Take a look at the words below. Use them for the exercises.
The right answers are on page 243.

Âld	Old	Ryk	Rich	Heech	High	Fierder	Forth
Sûn	Healthy	Licht	Light	Dom	Dumb	Leech	Low
Folwoeksen	Adult	Siik	Sick	Werom	Back	Tûk	Smart
Jong	Young	Bern	Child	Swier	Heavy	Earm	Poor

Match the opposites!

Folwoeksen, Tûk, Swier, Sûn, Earm, Jong, Heech, Werom

Ryk .... Bern ....
Licht .... Leech ....
Âld .... Dom ....
Siik .... Fierder ....

Write the Frisian words!

Old .... Young .... Heavy .... Light ....

Poor .... Rich .... Healthy .... Sick ....

Adult .... Child .... Back .... Forth ....

Smart .... Dumb .... High .... Low ....

Opposite words Lesson 4

Goeie dei Frisian learner,

Take a look at the words below. Use them for the exercises.
The right answers are on page 243.

Fier	Far	Dêr	There	Laitsje	Laugh	Nij	New
Sliepe	Sleep	Breed	Broad	Âld	Old	Waarm	Warm
Oan	On	Tichtby	Nearby	Kâld	Cold	Gûle	Cry (to)
Hjir	Here	Smel	Narrow	Wekker	Awake	Út	Out/Off

Match the opposites!
Fier, Wekker, Kâld, Oan, Laitsje, Âld, Hjir, Smel

Út ....   Sliepe ....
Breed .... Waarm ....
Dêr ....   Gûle ....
Tichtby .... Nij ....

Write the Frisian words!

Broad ....   Narrow ....   Awake ....   Sleep ....

On ....   Off ....   Here ....   There ....

Far ....   Nearby ....   New ....   Old ....

Crying ....   Laughing ....   Warm ....   Cold ....

Opposite words Lesson 5

Goeie dei Frisian learner,

Take a look at the words below.. Use them for the exercises.
The right answers are on page 243.

Maitiid	Spring	Dreech	Slow	Stil	Still	Rjochts	Right
Winter	Winter	Nee	No	Sprekke	Speak	Harkje	Listen
Fluch	Fast	Simmer	Summer	Lofts	Left	Lûd	Loud
Allinnich	Alone	Hjerst	Fall	Ja	Yes	Tegearre	Together

Match the opposites!

Simmer, Tegearre, Harkje, Dreech, Ja, Lofts, Maitiid, Lûd

Winter ....   Hjerst ....
Allinnich ....   Rjochts ....
Fluch ....   Stil ....
Nee ....   Sprekke ....

Write the Frisian words!

Spring ....   Fall ....   Yes ....   No ....

Summer ....   Winter ....   Together ....   Alone ....

Fast ....   Slow ....   Loud ....   Still ....

Left ....   Right ....   Speak ....   Listen ....

Subject: Nature

(de) Natoer	....	Nature
(it) Gers	....	Grass
(de) Beam	....	Tree
(de) Sinne	....	Sun
(it) Wâld	....	Woods/Forest
(it) Blêdsje	....	Little leaf
(de) Loft	....	Sky
(de) Wolken	....	Clouds
(de) Berch	....	Mountain
(de) Grûn	....	Ground
(de) Blom	....	Bloom/Flower
(de) Rein	....	Rain
(de) Snie	....	Snow
(de) Mar	....	Lake
(de) See	....	Sea

Get to know these words by writing them down.

Introduction: Past Tense Verbs

We have already worked with the Present tense verbs, which were quite easy. Also the past tense verbs will be quite easy. This chapter has 10 different verbs and each verb has 3 lessons. In total there are 30 lessons.

Lesson 1: Hold/Held

Goeie dei Frisian learner,

Take a look at the verb forms and complete the sentences below.
The right answers are on page 244.

Ik	hold	I	held/loved or liked
Dû	holdst	You	held/loved or liked
Hy, sy, it	hold	He, she, it	held/loved or liked
Wy	holden	We	held/loved or liked
Jo	holden	You	held/loved or liked
Jim	holden	You (pl.)	held/loved or liked
Sy	holden	They	held/loved or liked

It .... net op.
It did not stop.

Ik .... har hân fêst.
I held her hand.

Sy .... fan djoere klean.
They loved expensive clothes.

Dû .... fan my.
You loved me.

Wy .... it tried goed fêst.
We held the wire/thread tightly.

Sy .... myn earm fêst.
She held my arm.

Match the words!

Djoer, Hân, Fêst, Earm, Tried, Klean

Wire/Thread ....
Arm ....
Expensive ....

Clothes ....
Hand ....
Fixed/Tightly ....

Lesson 2: Hold/Held

Goeie dei Frisian learner,

Try it this time without looking at the table. The right answers are on page 244.

It .... net op.
It did not stop.

Ik .... har hân fêst.
I held her hand.

Sy .... fan djoere klean.
They loved expensive clothes.

Dû .... fan my.
You loved me.

Wy .... it tried goed fêst.
We held the wire/thread tightly.

Sy .... myn earm fêst.
She held my arm.

Lesson 3: Hold/Held

Goeie dei Frisian learner,

Several words are missing, can you fill them in? The right answers are on page 244.

Sy .... myn .... fêst.
She held my arm.

Sy .... fan .... klean.
They loved expensive clothes.

It ....
It did not stop.

Dû .... fan ....
You loved me.

Ik .... har .... fêst.
I held her hand.

Wy .... it .... goed fêst.
We held the wire/thread tightly.

Lesson 1: Joech/Gave

Goeie dei Frisian learner,

Take a look at the verb forms and complete the sentences beneath.
The right answers are on page 244.

Ik	joech	I	gave/cared
Dû	joechst	You	gave/cared
Hy, sy, it	joech	He, she, it	gave/cared
Wy	joegen	We	gave/cared
Jo	joegen	You	gave/cared
Jim	joegen	You (pl.)	gave/cared
Sy	joegen	They	gave/cared

Jim .... net safolle om ús.
You (pl.) did not care that much about us.

Wy .... in protte om dy.
We cared a lot about you.

Ik .... har de skuld.
I blamed her.

Sy .... my in hân.
They gave me a hand.

.... jo ús de skuld?
Did you blame us?

Dû .... it antwurd.
You gave the answer.

Hy .... ús in solúsje.
He gave us a solution.

Match the words!

Hân, Solúsje, Safolle, Skuld, Net, Antwurd

Blame	....	So much	....
Hand	....	Answer	....
Solution	....	Not	....

Lesson 2: Joech/Gave

Goeie dei Frisian learner,

Try it this time without looking at the table. The right answers are on page 244.

Sy .... my in hân.
They gave me a hand.

.... jo ús de skuld?
Did you blame us?

Jim .... net safolle om ús.
You (pl.) did not care that much about us.

Dû .... it antwurd.
You gave the answer.

Ik .... har de skuld.
I blamed her.

Hy .... ús in solúsje.
He gave us a solution.

Wy .... in protte om dy.
We cared a lot about you.

Lesson 3: Joech/Gave

Goeie dei Frisian learner,

Several words are missing, can you fill them in? The right answers are on page 244.

Dû .... it ....
You gave the answer.

Jim .... net .... om ús.
You (pl.) did not care that much about us.

Sy .... my in ....
They gave me a hand.

Wy .... in .... om dy.
We cared a lot about you.

Hy .... ús in ....
He gave us a solution.

Ik .... har de ....
I blamed her.

.... jo ús de ....?
Did you blame us?

Lesson 1: Tocht/Thought

Goeie dei Frisian learner,

Take a look at the verb forms and complete the sentences below.
The right answers are on page 244.

Ik	tocht	I	thought
Dû	tochst	You	thought
Hy, sy, it	tocht	He, she, it	thought
Wy	tochten	We	thought
Jo	tochten	You	thought
Jim	tochten	You (pl.)	thought
Sy	tochten	They	thought

Wy .... der niis oan.
We just thought about it.

Sy .... oan de takomst.
They thought about the future.

Dû .... oan dysels.
You thought about yourself.

Ik .... der juster oan.
I thought about it yesterday.

Jim .... oan in bettere tiid.
You (pl.) thought about a better time.

Dat is krekt wat sy ....
That's exactly what she thought.

Jo .... dat it foarby wie.
You thought it was over.

Match the words!

Tiid, Takomst, Wie, Krekt, Juster, Niis, Foarby, Dysels

Over	....	Future	....
Time	....	Exactly	....
Yourself	....	Just now	....
Yesterday	....	Was	....

Lesson 2: Tocht/Thought

Goeie dei Frisian learner,

Try it this time without looking at the table. The right answers are on page 245.

Dû .... oan dysels.
You thought about yourself.

Jim .... oan in bettere tiid.
You (pl.) thought about a better time.

Ik .... der juster oan.
I thought about it yesterday.

Dat is krekt wat sy ....
That's exactly what she thought.

Jo .... dat it foarby wie.
You thought it was over.

Sy .... oan de takomst.
They thought about the future.

Wy .... der niis oan.
We just thought about it.

Lesson 3: Tocht/Thought

Goeie dei Frisian learner,

Several words are missing, can you fill them in? The right answers are on page 245.

Sy .... oan de ....
They thought about the future.

Dû .... oan ....
You thought about yourself.

Ik .... der juster ....
I thought about it yesterday.

Dat is .... wat sy ....
That's exactly what she thought.

Jo .... dat it .... wie.
You thought it was over.

Jim .... oan in .... tiid.
You (pl.) thought about a better time.

Wy .... der .... oan.
We just thought about it.

Lesson 1: Woe/Wanted

Goeie dei Frisian learner,

Take a look at the verb forms and complete the sentences below.
The right answers are on page 245.

Ik	woe	I	wanted
Dû	woest	You	wanted
Hy, sy, it	woe	He, she, it	wanted
Wy	woene	We	wanted
Jo	woene	You	wanted
Jim	woene	You (pl.)	wanted
Sy	woene	They	wanted

Sy .... it nea wer dwaan.
She never wanted to do it again.

Jo .... gjin antwurd jaan.
You didn't want to give an answer.

Dû .... my slaan.
You wanted to hit/punch me.

Sy .... graach lêze.
They wanted to read.

Wy .... har freegje.
We wanted to ask her.

Ik .... it net leauwe.
I didn't want to believe it.

Jim .... fuortslûpe.
You (pl.) wanted to sneak away.

Match the words!

Freegje, Leauwe, Jaan, Antwurd, Fuortslûpe, Nea, Lêze, Slaan

Answer	....	Hit/Punch	....
Ask	....	Sneak away	....
Believe	....	Never	....
To give	....	Read (to)	....

Lesson 2: Woe/Wanted

Goeie dei Frisian learner,

Try it this time without looking at the table. The right answers are on page 245.

Wy .... har freegje.
We wanted to ask her.

Jo .... gjin antwurd jaan.
You didn't want to give an answer.

Jim .... fuortslûpe.
You (pl.) wanted to sneak away.

Ik .... it net leauwe.
I didn't want to believe it.

Sy .... graach lêze.
They wanted to read.

Dû .... my slaan.
You wanted to hit/punch me.

Sy .... it nea wer dwaan.
She never wanted to do it again.

Lesson 3: Woe/Wanted

Goeie dei Frisian learner,

Several words are missing, can you fill them in? The right answers are on page 245.

Jo .... gjin .... jaan.
You didn't want to give an answer.

Jim ....
You (pl.) wanted to sneak away.

Dû .... my ....
You wanted to hit me.

Wy .... har ....
We wanted to ask her.

Sy .... graach ....
They wanted to read.

Sy .... it .... wer ....
She never wanted to do it again.

Ik .... it net ....
I didn't want to believe it.

Lesson 1: Koe/Could

Goeie dei Frisian learner,

Take a look at the verb forms and complete the sentences below.
The right answers are on page 245.

Ik	koe	I	could
Dû	koest	You	could
Hy, sy, it	koe	He, she, it	could
Wy	koene	We	could
Jo	koene	You	could
Jim	koene	You (pl.)	could
Sy	koene	They	could

Wy .... it waar foarspelle.
We could predict the weather.

Dû .... my warskôgje.
You could have warned me.

Sy .... it net leauwe.
They could not believe it.

Ik .... it har net sizze.
I could not tell her.

Jim .... it net foarkomme.
You (pl.) could not prevent it.

Sy .... it net dwaan.
She could not do it.

Match the words!

Foarkomme, Dwaan, Leauwe, Foarspelle, Waar, Warskôgje

Believe (to) ....
Warn (to) ....
Weather ....

Predict (to) ....
Prevent ....
To do ....

Lesson 2: Koe/Could

Goeie dei Frisian learner,

Try it this time without looking at the table. The right answers are on page 245.

Ik .... it har net sizze.
I could not tell her.

Jim .... it net foarkomme.
You (pl.) could not prevent it.

Wy .... it waar foarspelle.
We could predict the weather.

Dû .... my warskôgje.
You could've warned me.

Sy .... it net dwaan.
She could not do it.

Sy .... it net leauwe.
They could not believe it.

Lesson 3: Koe/Could

Goeie dei Frisian learner,

Several words are missing, can you fill them in? The right answers are on page 246.

Sy .... it net ....
She could not do it.

Sy .... it net ....
They could not believe it.

Wy .... it .... foarspelle.
We could predict the weather.

Ik .... it .... net ....
I could not tell her.

Jim .... it net ....
You (pl.) could not prevent it.

Dû .... my ....
You could've warned me.

Lesson 1: Hie/Had

Goeie dei Frisian learner,

Take a look at the verb forms and complete the sentences below.
The right answers are on page 246. Just like other verbs, this verb does always translate well to English.

Ik	hie	I	had
Dû	hiest	You	had
Hy, sy, it	hie	He, she, it	had
Wy	hiene	We	had
Jo	hiene	You	had
Jim	hiene	You (pl.)	had
Sy	hiene	They	had

.... jim it fan him ferwachte?
Did you (pl.) expect it from him?

Dû .... gjin soargen.
You had no worries.

Sy .... it ferline wike al dien.
They've already done it last week.

Ik .... gjin nocht hjoed.
I didn't feel like it today.

.... hy it earlik tsjin my sein?
Would he have told me honestly?

Jo .... net in protte lok.
You did not have much luck.

Wy .... hjoed in protte wille.
We had a lot of fun today.

Match the words!

Wille, Lok, Tsjin, Ferline, Earlik, Soargen, In protte, Ferwacht

Worries	....	Luck	....
Previous	....	Expect	....
Honest	....	Fun	....
A lot	....	To, Against	....

Lesson 2: Hie/Had

Goeie dei Frisian learner,

Try it this time without looking at the table. The right answers are on page 246.

Wy .... hjoed in protte wille.
We had a lot of fun today.

.... jim it fan him ferwachte?
Did you (pl.) expect it from him?

.... hy it earlik tsjin my sein?
Would he have told me honestly?

Dû .... gjin soargen.
You had no worries.

Sy .... it ferline wike al dien.
They've already done it last week.

Ik .... gjin nocht hjoed.
I didn't feel like it today.

Jo .... net in protte lok.
You did not have much luck.

Lesson 3: Hie/Had

Goeie dei Frisian learner,

Several words are missing, can you fill them in? The right answers are on page 246.

Dû .... gjin ....
You had no worries.

Jo .... net .... protte ....
You did not have much luck.

.... hy it .... tsjin my ....?
Would he have told me honestly?

Wy .... hjoed in protte ....
We had a lot of fun today.

.... jim it .... him ....?
Did you (pl.) expect it from him?

Sy .... it .... wike al ....
They've already done it last week.

Ik .... gjin .... hjoed.
I didn't feel like it today.

Lesson 1: Wie/Was

Goeie dei Frisian learner,

Take a look at the verb forms and complete the sentences below.
The right answers are on page 246.

Ik	wie	I	was
Dû	wiest	You	was
Hy, sy, it	wie	He, she, it	was
Wy	wiene	We	were
Jo	wiene	You	were
Jim	wiene	You (pl.)	were
Sy	wiene	They	were

Sy .... hjoed tige lilk.
She was very angry today.

Sy .... bliid foar him.
They were happy for him.

Jo .... net thús doe't wy delkamen.
You were not home when we came by.

Ik .... juster in bytsje siik.
I was a little bit sick yesterday.

Jim .... bang foar it tsjuster.
You (pl.) were scared of the dark.

Wy .... bliid doe't barde.
We were happy when it happened.

Dû .... by dyn pake, dochs?
You were with your grandpa, right?

Match the words!

Pake, Bang, Delkamen, Tsjuster, Bliid, Lilk, Thús, Barde

Happy	....	Angry	....
Grandpa	....	Darkness	....
Happened	....	Scared	....
At home	....	Came over	....

Lesson 2: Wie/Was

Goeie dei Frisian learner,

Try it this time without looking at the table. The right answers are on page 246.

Jim .... bang foar it tsjuster.
You (pl.) were scared of the dark.

Sy .... hjoed tige lilk.
She was very angry today.

Ik .... juster in bytsje siik.
I was a little bit sick yesterday.

Sy .... bliid foar him.
They were happy for him.

Dû .... by dyn pake, dochs?
You were with your grandpa, right?

Jo ...... net thús doe't wy delkamen.
You were not home when we came by.

Wy .... bliid doe't barde.
We were happy when it happened.

Lesson 3: Wie/Was

Goeie dei Frisian learner,

Several words are missing, can you fill them in? The right answers are on page 246.

Sy .... bliid ...... him.
They were happy for him.

Jo ...... net ...... doe't wy ......
You were not home when we came by.

Sy .... hjoed tige ....
She was very angry today.

Ik ..... juster ..... bytsje ....
I was a little bit sick yesterday.

Jim .... bang .... it ....
You (pl.) were scared of the dark.

Dû .... by dyn .... , dochs?
You were with your grandpa, right?

Wy .... bliid doe't ....
We were happy when it happened.

Lesson 1: Gie/Went

Goeie dei Frisian learner,

Take a look at the variations and complete the sentences below.
The right answers are on page 247.

Ik	gie	I	went
Dû	giest	You	went
Hy, sy, it	gie	He, she, it	went
Wy	giene	We	went
Jo	giene	You	went
Jim	giene	You (pl.)	went
Sy	giene	They	went

Wy .... mei foar dy.
We went for you.

Jim .... nei Fryslân.
You (pl.) went to Friesland.

Ik .... op fakânsje.
I went on vacation/holiday.

Sy .... nei skoalle.
They went to school.

It .... net sa goed.
It didn't go well.

.... jo juster fuort?
Did you leave yesterday?

Dû .... nei it wâld.
You went to the woods.

Match the words!

Wâld, Juster, Skoalle, Foar, Fuort, Fakânsje

School	....	Vacation	....
Woods	....	Yesterday	....
For	....	Away	....

Lesson 2: Gie/Went

Goeie dei Frisian learner,

Try it this time without looking at the table. The right answers are on page 247.

.... jo juster fuort?
Did you leave yesterday?

Jim .... nei Fryslân.
You (pl.) went to Friesland.

It .... net sa goed.
It didn't go well.

Wy .... mei foar dy.
We went for you.

Ik .... op fakânsje.
I went on vacation/holiday.

Sy .... nei skoalle.
They went to school.

Dû .... nei it wâld.
You went to the woods.

Lesson 3: Gie/Went

Goeie dei Frisian learner,

Several words are missing, can you fill them in? The right answers are on page 247.

Dû .... nei it ....
You went to the woods.

Ik .... op ....
I went on vacation/holiday.

It .... net ....
I didn't go well.

Wy .... mei .... dy.
We went for you.

Jim .... Fryslân.
You (pl.) went to Friesland.

Sy .... nei ....
They went to school.

.... jo juster ....?
Did you leave yesterday?

Lesson 1: Die/Did

Goeie dei Frisian learner,

Take a look at the verb forms and complete the sentences below.
The right answers are on page 247.

Ik	die	I	did
Dû	diest	You	did
Hy, sy, it	die	He, she, it	did
Wy	diene	We	did
Jo	diene	You	did
Jim	diene	You (pl.)	did
Sy	diene	They	did

Jim .... it net sa goed dizze kear.
You (pl.) didn't do well this time.

It .... it net.
It didn't work.

Ik .... neat.
I did nothing.

Sy .... it better as ús.
They did it better than us.

Wy .... it fergees.
We did it for free.

Jo .... it goed.
You did well.

Hy .... it foar ús.
He did it for us.

Match the words!

Kear, Niis, Neat, Fergees, As, Sa

Just now	....	For free	....
Time(s)	....	Than	....
Nothing	....	So	....

Lesson 2: Die/Did

Goeie dei Frisian learner,

Try it this time without looking at the table. The right answers are on page 247.

Wy .... it fergees.
We did it for free.

It .... it net.
It didn't work.

Hy .... it foar ús.
He did it for us.

Ik .... neat.
I did nothing.

Jim .... it net sa goed dizze kear.
You (pl.) didn't do well this time

Sy .... it better as ús.
They did it better than us.

Jo .... it goed.
You did well.

Lesson 3: Die/Did

Goeie dei Frisian learner,

Several words are missing, can you fill them in? The right answers are on page 247.

Wy .... it ....
We did it for free.

Jim .... it net sa .... dizze ....
You (pl.) didn't do well this time.

Sy .... it .... as ....
They did it better than us.

It .... it ....
It didn't work it.

Hy .... it .... ús.
He did it for us.

Ik ....
I did nothing.

Jo .... it ....
You did well.

Lesson 1: Seach/Saw

Goeie dei Frisian learner,

Take a look at the verb forms and complete the sentences below.
The right answers are on page 247.

Ik	seach	I	saw/looked
Dû	seachst	You	saw/looked
Hy, sy, it	seach	He, she, it	saw/looked
Wy	seagen	We	saw/looked
Jo	seagen	You	saw/looked
Jim	seagen	You (pl.)	saw/looked
Sy	seagen	They	saw/looked

.... wy dy by de brêge?
Did we see you by the bridge?

Sy .... my lokkich net.
Luckily they did not see me.

Jim .... my oan.
You (pl.) looked at me.

Jo .... der net sa goed út.
You were not looking that well.

Sy .... har takomst.
She saw her future.

Ik .... har twa jier lyn.
I saw her two years ago.

Dû .... it oankommen.
You saw it coming.

Match the words!

Lokkich, Jier, Brêge, Lyn, Takomst, Oankommen

Coming/Arrive	....	Bridge	....
Luckily	....	Ago	....
Future	....	Year	....

Lesson 2: Seach/Saw

Goeie dei Frisian learner,

Try it this time without looking at the table. The right answers are on page 248.

Ik .... har twa jier lyn.
I saw her two years ago.

Jim .... my oan.
You (pl.) looked at me.

Sy .... my lokkich net.
Luckily they did not see me.

.... wy dy by de brêge?
Did we see you by the bridge?

Sy .... har takomst.
She saw her future.

Dû .... it oankommen.
You saw it coming.

Jo .... der net sa goed út.
You were not looking that well.

Lesson 3: Seach/Saw

Goeie dei Frisian learner,

Several words are missing, can you fill them in? The right answers are on page 248.

Ik .... har .... jier ....
I saw her two years ago.

.... wy .... by de ....?
Did we see you by the bridge?

Dû .... it ....
You saw it coming.

Sy .... my .... net.
Luckily they did not see me.

Jo .... der net .... goed ....
You were not looking that well.

Sy .... har ....
She saw her future.

Jim .... my ....
You (pl.) looked at me.

Subject: Body

(de) Holle	....	Head
(de) Noas	....	Nose
(de) Mûle	....	Mouth
(de) Skonk	....	Leg
(de) Foet	....	Foot
(de) Finger	....	Finger
(de) Earm	....	Arm
(de) Búk	....	Belly
(it) Gesicht	....	Face
(it) Ear	....	Ear
(it) Hier	....	Hair
(it) Each	....	Eye
(de) Rêch	....	Back
(de) Knibbel	....	Knee
(it) Skouder	....	Shoulder
(it) Liif	....	Body
(de) Hân	....	Hand
(de) Tean	....	Toe

Get to know these words by writing them down.

Introduction: How do Frisian verbs work?

In the previous chapters you've been working with some of the Frisian verbs. These lessons were all practical. How do you conjugate a verb in Frisian ? You will learn how to do it in the next 6 lessons.

How do Frisian verbs work? Lesson 1

Goeie dei Frisian learner,

Let's start with verbs whose infinitives end with -je. These are the easiest kinds of verbs. I'll show you how to conjugate these verbs. The right answers are on page 248.

	Present Time	Past Time
Ik	+je	+e
Dû	+est	+est(e)
Hy, sy, it	+et	+e
Wy, jim, sy, jo	+je	+en
Present Perfect	Ik haw	+e

Example: to work

	Present Time	Past Time
Ik	wurkje	wurke
Dû	wurkest	wurkest(e)
Hy, sy, it	wurket	wurke
Wy, jim, sy, jo	wurkje	wurken
Present Perfect	Ik haw	wurke

Also, when the main vowel is short (like 'e', 'a' and 'ea'), then the 'r' will be doubled in some cases.

Example: to keep, conserve

	Present Time	Past Time
Ik	bewarje	bewarre
Dû	bewarrest	bewarrest(e)
Hy, sy, it	bewarret	bewarre
Wy, jim, sy, jo	bewarje	bewarren
Present Perfect	Ik haw	bewarre

Example: to fail

	Present Time	Past Time
Ik	mislearje	mislearre
Dû	mislearrest	mislearrest(e)
Hy, sy, it	mislearret	mislearre
Wy, jim, sy, jo	mislearje	mislearren
Present Perfect	Ik haw	mislearre

Try to do this yourself by filling in the gaps.

to change

Ik	feroarje	....
Dû	....	....
Hy, sy, it	....	feroare
Wy, jim, sy, jo	....	....
Present Perfect	Ik haw	feroare

to demand

	Present time	Past time
Ik	....	....
Dû	....	eakest(e)
Hy, sy, it	easket	....
Wy, jim, sy, jo	....	....
Present Perfect	Ik haw	....

to study

Ik	studearje	....
Dû	....	....
Hy, sy, it	....	studearre
Wy, jim, sy, jo	....	....
Present Perfect	Ik haw	....

to better, improve

Ik	....	....
Dû	....	....
Hy, sy, it	betteret	....
Wy, jim, sy, jo	....	....
Present Perfect	Ik haw	bettere

to listen

Ik	harkje	....
Dû	....	....
Hy, sy, it	....	....
Wy, jim, sy, jo	....	....
Present Perfect	Ik haw	....

How do Frisian verbs work? Lesson 2

Goeie dei Frisian learner,

Alright, you should be able to put the verbs with the right form in the right sentence, right? The right answers are on page 249.

	Present Time	Past Time
Ik	+je	+e
Dû	+est	+est(e)
Hy, sy, it	+et	+e
Wy, jim, sy, jo	+je	+en
Present Perfect	Ik haw	+e

Werhelje	Repeat (to)	Sykhelje	Breathe (to)
Kôgje	Chew (to)	Soargje	Take care (to)
Boarstelje	Brush (to)	Libje	Live (to)
Skilje	Call, Dial (to)	Rikje	Soke (to)
Fertarje	Digest (to)	Fuorje	Feed (to)
Sammelje	Collect (to)	Waskje	Wash (to)

Put the verbs in the right sentence with the right form.

Kinstû dat .... foar my?
Can you repeat that for me?

Jim .... troch de noas.
You (pl.) breathe through your nose.

Sy .... har hier.
She brushes her hair.

Wy .... ús libben.
We live our lives.

Sy .... foar him.
She takes care of him.

Dû .... op it iten.
You chew on the food.

Sy .... poddestuollen yn it bosk.
She collects mushrooms in the woods.

Ik .... in sigaret fan ús beppe.
I smoke a cigarette from my grandmother.

Wy hawwe it iten al ....
We have already digested the food.

Hy .... syn mem foar help.
He calls his mother for help.

Sy .... har hûn.
She feeds her dog.

Sy .... har klean yn de waskmasine.
She washes her clothes in the washing machine.

How do Frisian verbs work Lesson 3

Goeie dei Frisian learner,

Let's try this again without the instructions. Use all the verbs below and put them in the right sentence with the right form. The right answers are on page 249.

Werhelje	Repeat (to)	Sykhelje	Breathe (to)
Kôgje	Chew (to)	Soargje	Take care (to)
Boarstelje	Brush (to)	Libje	Live (to)
Skilje	Call, Dial (to)	Rikje	Soke (to)
Fertarje	Digest (to)	Fuorje	Feed (to)
Sammelje	Collect (to)	Waskje	Wash (to)

Sy .... har hûn.
She feeds her dog.

Sy .... har hier.
She brushes her hair.

Dû .... op it iten.
You chew on the food.

Sy .... poddestuollen yn it bosk.
She collects mushrooms in the woods.

Ik .... in sigaret fan ús beppe.
I smoke a cigarette from my grandmother.

Jim .... troch de noas.
You (pl.) breathe through your nose.

Wy hawwe it iten al ....
We have already digested the food.

Wy .... ús libben.
We live our lives.

Hy .... syn mem foar help.
He calls his mother for help.

Kinstû dat .... foar my?
Can you repeat that for me?

Sy .... foar him.
She takes care of him.

Sy .... har klean yn de waskmasine.
She washes her clothes in the washing machine.

Match the words!

Hûn, Noas, Masine, Libben, Sigaret, Hier, Woods, Poddestuollen

Mushrooms	....	Life	....
Dog	....	Nose	....
Machine	....	Cigarette	....
Bosk	....	Hair	....

How do Frisian verbs work? Lesson 4

Goeie dei Frisian learner,

Let's introduce a new form of Frisian verbs. These kinds of verbs are slightly harder than the previous ones. The right answers are on page 249.

	Present Time	Past time
Ik	-	+te /+de
Dû	+st	+test /+dest
Hy, sy, it	+t	+te /+de
Wy, jim, sy, jo	+e	+ten /+den
Present Perfect	Ik haw	+d /+t

An example: to deny

	Present Time	Past time
Ik	ûntken	ûntkende
Dû	ûntkenst	ûntkendest
Hy, sy, it	ûntkent	ûntkende
Wy, jim, sy, jo	ûntkenne	ûntkenden
Present Perfect	Ik haw	ûntkend

The +de form is used more often than the +te form. So now you might be wondering when to use them? It depends on the letter that the infinitive forms ends with. When a word ends on t, k, f, s, h, p (not 'ch') you will need to use the +te, +test and +ten options. In all other cases, you have to use +de, +dest and +den.

Try it yourself by filling in the gaps on the next page.

to spill, waste	Present Time	Past Time
Ik	griem	....
Dû	....	....
Hy, sy, it	griemt	....
Wy, jim, sy, jo	....	....
Present Perfect	Ik haw	griemd

to dream

Ik	dream	....
Dû	....	....
Hy, sy, it	....	....
Wy, jim, sy, jo	dreame	....
Present Perfect	Ik haw	dreamd

to feel

Ik	fiel	fielde
Dû	....	....
Hy, sy, it	....	....
Wy, jim, sy, jo	....	....
Present Perfect	Ik haw	field

to hack, chop, hew

Ik	hak	....
Dû	....	....
Hy, sy, it	hakt	....
Wy, jim, sy, jo	....	....
Present Perfect	Ik haw	hakt

to use

Ik	brûk	....
Dû	....	....
Hy, sy, it	....	....
Wy, jim, sy, jo	....	....
Present Perfect	Ik haw	....

How do Frisian verbs work? Lesson 5

Goeie dei Frisian learner,

You should be able to put the verbs with the right form in the right sentence, right? The right answers are on page 250.

	Present Time	Past Time
Ik	-	+te/+de
Dû	+st	+test/+dest
Hy, sy, it	+t	+te/+de
Wy, jim, sy, jo	+e	+ten/+den
Present Perfect	Ik haw	+d/+t

The +de form is used more often than the +te form. So now you might be wondering when to use them? It depends on the letter that the infinitive forms ends with. When a word ends on t, k, f, s, ch, p you will need to use the +te, +test and +ten options. In all other cases, you have to use +de, +dest and +den.

Fertrou	Trust (to)	Stjoer	Send (to)	Lear	Learn (to)	Flecht	Flee (to)
Fertel	Tell (to)	Neam	Name (to)	Wen	Adapt (to)	Mien	Mean (to)
Werken	Recognize (to)	Mis	Miss (to)	Hier	Hire (to)	Hear	Hear (to)

Use the words above to complete the sentences.

Sy .... my.
She trusts me.

Wy .... har.
We miss her.

Ik .... har in berjocht.
I sent her a message.

Juster hawwe wy in boat ....
Yesterday we hired a boat.

Wy .... it hear.
We meant it.

Hy .... in nuver lûd
He hears a weird noise.

Hy hat in âld ferhaal ....
He told an old story.

Sy .... myn namme niis.
She called my name just now.

Sy hat him ....
She recognized him.

Wy hawwe in protte fan dy ....
We have learned a lot from you.

Wy .... nei it bûtenlân.
We fled abroad.

Dû .... goed oan nije situaasjes.
You adapt well to new situations.

How do Frisian verbs work Lesson 6

Goeie dei Frisian learner,

Let's review! Use all the verbs below and put them in the right sentence with the right form. The right answers are on page 250.

Fertrou	Trust (to)	Stjoer	Send (to)
Fertel	Tell (to)	Neam	Name (to)
Werken	Recognize (to)	Mis	Miss (to)
Hier	Hire (to)	Hear	Hear (to)
Wen	Adapt (to)	Mien	Mean (to)
Lear	Learn (to)	Flecht	Flee (to)

Sy .... myn namme niis.
She called my name just now.

Wy .... nei it bûtenlân.
We fled abroad.

Juster hawwe wy in boat ....
Yesterday we hired a boat.

Sy .... my.
She trusts me.

Wy .... har.
We miss her.

Wy .... it hear.
We meant it.

Sy hat him ....
She recognized him.

Hy .... in nuver lûd.
He hears a weird sound.

Dû ...... goed oan nije situaasjes.
You adapt well to new situations.

Hy hat in âld ferhaal ....
He told an old story.

Wy hawwe in protte fan dy ....
We have learned a lot from you.

Ik .... har in berjocht.
I sent her a message.

Match the words!

Situaasje, Ferhaal, Berjocht, Lûd, Bûtenlân, Boat

Loud/Sound	....	Situation	....
Boat	....	Abroad	....
Story	....	Message	....

Subject: Colors

Swart	....	Black
Wyt	....	White
Griis	....	Grey
Read	....	Red
Blau	....	Blue
Giel	....	Yellow
Rôze	....	Pink
Pears	....	Purple
Oranje	....	Orange
Grien	....	Green
Sulver	....	Silver
Goud	....	Gold
Trochsichtich	....	Transparent
Brún	....	Brown
Ljocht	....	Light

Get to know these words by writing them down.

Introduction: Making questions

Before you have been working with 'question words', now I'd like you to make actual questions. There is a little trick in Frisian to change a normal sentence into a question. I will teach you in the next 2 lessons.

Making questions Lesson 1

Hoi Frisian learner,

So now the question is, how do you make a question in Frisian or how do you change an existing Frisian sentence into a question? Well, let me show you:

Hy wie klear mei de opdracht. (He was done with the task)
Wie hy *klear mei de opdracht?*

De bern boartsje bûten. (The children play outside)
Boartsje de *bern bûten?*

Wy geane freed fuort. (We will leave on Friday)
Geane wy *freed fuort?*

You need to invert the verb and subject, like in English: Have you no shame?. I think you will get the hang of it quite fast. Can you change the sentences below into a question? The right answers are on page 250.

The girl is reading a book about Frisian history.
It famke lêst in boek oer de Fryske skiednis.

……… ……… ……… ……… ……… ……… ……… ……… ………?

I sleep in my bed while it rains.
Ik sliep yn myn bêd wylst it reint.

……… ……… ……… ……… ……… ……… ……… ……… ………?

**She puts the ointment on her skin. (or)
She smeared the salve on her skin.**
Sy smart de salve op har hûd.

……… ……… ……… ……… ……… ……… ………?

He contradicts me.
Hy sprekt my tsjin.

....?

The man wants to buy the car from me.
De man wol de auto fan my keapje.

....?

We do our best.
Wy dogge ús bêst.

....?

I have to work all day.
Ik moat de hiele dei wurkje.

....?

He feels sick because of the food.
Hy fielt him siik troch it iten.

....?

She likes to cook food.
Sy hâldt fan iten siede.

....?

My mother cleans the windows of the house.
Ús mem makket de ruten fan it hûs skjin.

....?

Making questions Lesson 2

Hoi Frisian learner,

For this lesson I want you to try it without the instructions. Folle lok! The right answers are on page 250.

You (pl.) collect wild mushrooms in the woods.
Jim sammelje wylde poddestuollen yn it wâld.

……… ……… ……… ……… ……… ………?

Yesterday I didn't feel so well.
Juster fielde ik my net sa goed.

……… ……… ……… ……… ……… ………?

He fills the glass with water.
Hy jit it glês fol mei wetter.

……… ……… ……… ……… ……… ……… ………?

I am sending a message to my girlfriend.
Ik stjoer in berjocht nei myn faam.

……… ……… ……… ……… ……… ……… ………?

It will take a few weeks before I can go on vacation.
It duorret in pear wiken foardat ik op fakânsje kin.

……… ……… ……… ……… ……… ……… ……… ……… ………?

The car stops at the red traffic light.
De lúksewein stoppet by it reade stopljocht.

....?

The car drove down the street.
De lúksewein ried oer de strjitte.

....?

I am learning the Frisian language.
Ik lear de Fryske taal.

....?

I've had enough for today.
Ik haw myn nocht foar hjoed.

....?

She has a backache.
Sy hat lêst fan har rêch.

....?

Subject: Months

Jannewaris	....	January
Febrewaris	....	February
Maart	....	March
April	....	April
Maaie	....	May
Juny	....	June
July	....	July
Augustus	....	August
Septimber	....	September
Oktober	....	October
Novimber	....	November
Desimber	....	December
(it) Jier	....	Year
(de) Jierdei	....	Birthday
(de) Moanne	....	Month

Get to know these words by writing them down.

Introduction: Irregular Verbs

So far you've come across a lot of regular verbs. But how about the irregular verbs? In the next 5 lessons you'll get to know all about them.

Irregular Verbs Lesson 1

A goeie Frisian learner,

Frisian has a lot of irregular verbs and these are hard to explain, because they're not always the same. The best way to learn them is to use them. Luckily some irregular verbs are the same, like the ones we're going to talk about in this lesson. The first 3 lessons are about verbs that end with -**iuw**.

to write	Present Tense	Past Tense
Ik	skriuw	skreau
Dû	skriuwst	skreaust
Hy, sy, it	skriuwt	skreau
Wy, jim, sy, jo	skriuwe	skreaune
Present Perfect	**Ik haw**	skreaun

Take a good look at the verb above. Use this example to complete the tables below and on the next page. The right answers are on page 251.

to exaggerate		
Ik	oerdriuw	....
Dû	....	....
Hy, sy, it	....	oerdreau
Wy, jim, sy, jo	oerdriuwe	....
Present Perfect	**Ik haw**	....

to describe		
Ik	....	beskreau
Dû	....	beskreaust
Hy, sy, it	beskriuwt	....
Wy, jim, sy, jo	....	....
Present Perfect	**Ik haw**	....

115

to stay (overnight)

	Present Tense	Past Tense
Ik	ferbliuw	....
Dû	....	....
Hy, sy, it	....	ferbleau
Wy, jim, sy, jo	....	....
Present Perfect	**Ik haw**	....

to taste

	Present Tense	Past Tense
Ik	....	....
Dû	....	preaust
Hy, sy, it	....	....
Wy, jim, sy, jo	....	....
Present Perfect	**Ik haw**	....

to push

	Present Tense	Past Tense
Ik	....	....
Dû	triuwt	....
Hy, sy, it	....	....
Wy, jim, sy, jo	....	....
Present Perfect	**Ik haw**	....

to rub

	Present Tense	Past Tense
Ik	....	....
Dû	....	....
Hy, sy, it	....	....
Wy, jim, sy, jo	....	....
Present Perfect	**Ik haw**	wreaun

Irregular Verbs Lesson 2

A goeie Frisian learner,

In the previous lesson you filled in the gaps. By now you probably know how the -iuw verbs work. But can you put the verbs in a sentence too? Use the verbs below. The right answers are on page 252.

Bliuw, Priuw, Driuw, Skriuw, Beskriuw, Oerdriuw, Triuw, Wriuw

Sy binne thús ....
They stayed at home.

Dû hast .... juster.
You exaggerated yesterday.

Sy .... dy fuort.
She pushed you away.

Wy .... de grûn/flier skjin.
We rub/wipe the floor clean.

Hy .... in brief foar syn faam.
He wrote a letter to his girlfriend.

Wy .... it iten.
We taste the food.

Dû .... de situaasje.
You describe the situation.

It .... op it wetter.
It floats on the water.

Irregular Verbs Lesson 3

A goeie Frisian learner,

Can you complete the sentences without looking at the last lesson?
The right answers are on page 251.

Sy binne thús ....
They stayed at home.

Dû hast .... juster.
You exaggerated yesterday.

Sy .... dy fuort.
She pushed you away.

Wy .... de grûn/flier skjin.
We rub/wipe the floor clean.

Hy .... in brief foar syn faam.
He wrote a letter to his girlfriend.

Wy .... it iten.
We taste the food.

Dû .... de situaasje.
You describe the situation.

It .... op it wetter.
It floats on the water.

Irregular Verbs Lesson 4

A goeie Frisian learner,

The next lessons will be about random irregular verbs. You will get to see a part of the table and then you need to figure out how this verb might look by completing the sentences. The right answers are on page 252.

to begin	Present T.	Past T.
Ik	Begjin	Begûn
Dû	Begjinst	Begûnst

Hy is mei de opdracht ....
He has started the assignment/task.

to buy	Present T.	Past T.
Wy, jo, sy, jim	Keapje	Kochten

Sy .... nije klean.
She is buying new clothes.

to crawl	Present T.	Past T.
Ik	Krûp	Kroep
Dû	Krûpst	Kroepst

De poppe .... oer de grûn/flier.
The baby crawls on the floor.

to break up	Present T.	Past T.
Ik	Ferbrek	Ferbruts
Hy, sy, it	Ferbrekt	Ferbruts

Wy .... de stilte.
We break the silence.

to forbid	Present T.	Past T.
Hy, sy, it	Ferbiedt	Ferbea
Wy, jo, sy, jo	Ferbiede	Ferbeane

Dû hast it my ....
You forbade me.

to discover	Present T.	Past T.
Dû	Ûntdekst	Ûntdutst
Hy, sy, tt	Ûntdekt	Ûntduts

Wy hawwe in skelet ....
We discovered a skeleton.

to lose	Present T.	Past T.
Ik	Ferlies	Ferlear
Dû	Ferliest	Ferlearst

Wy .... de wedstriid.
We lost the match.

to shut, lock	Present T.	Past T.
Ik	Slút	Sleat
Dû	Slútst	Sleatst

Sy .... de doar.
She is shutting the door.

to freeze	Present T.	Past T.
Wy, jim, sy, jo	Befrieze	Befrearen

It wetter .... troch de kjeld.
The water froze due to the cold.

to shoot	Present T.	Past T.
Ik	Sjit	Skeat

Hy .... op syn doel.
He shot at his target.

to forget	Present T.	Past T.
Hy, sy, it	Ferjit	Fergeat
Wy, sy, jo, jim	Ferjitte	Fergeaten

Dû .... dyn tillefoan.
You forgot your phone.

to sink	Present T.	Past T.
Ik	Sink	Sonk
Dû	Sinkst	Sonkst

It skip .... nei de boaiem.
The ship sinks to the bottom.

to scare	Present T.	Past T.
Ik	Skrik	Skrok
Dû	Skrikst	Skrok

Sy .... fan de lûde muzyk.
She was shocked by the loud music.

to sleep	Present T.	Past T.
Ik	Sliep	Slepte
Dû	Slepst	Sleptest

Hy .... troch de hurde rein hinne.
He slept through the hard rain.

to swim	Present T.	Past T.
Dû	Swimst	Swomst
Hy, sy, it	Swimt	Swom

Ik .... nei dy ta.
I swim to you.

to sell	Present T.	Past T.
Dû	Ferkeapest	Ferkochst
Hy, sy, it	Ferkeapet	Ferkocht

Wy .... in grut stik lân.
We are selling a big piece of land.

Irregular Verbs Lesson 5

A goeie Frisian learner,

In this lesson we will summarize the last lesson. Below you'll see 16 verbs. Can you put them in the right sentence? The right answers are on page 252.

Ferbrek   Keapje   Sink   Skrik   Swim   Ûntdek
Ferjit   Sliep   Ferlies Krûp   Sjit   Ferkeapje
Befries   Begjin   Ferbied Slút

Dû .... dyn tillefoan.
You forgot your phone.

It skip .... nei de boaiem.
The ship sinks to the bottom.

Wy .... de stilte.
We break the silence.

Wy .... de wedstriid.
We lost the match.

De poppe .... oer de grûn/flier.
The baby crawls on the floor.

Hy .... op syn doel.
He shot at his target.

Wy .... in grut stik lân.
We are selling a big piece of land.

Dû hast it my ....
You forbade me.

Hy is mei de opdracht ....
He has started the assignment/task.

It wetter .... troch de kjeld.
The water froze due to the cold.

Hy .... troch de hurde rein hinne.
He slept through the hard rain.

Sy .... nije klean.
She is buying new clothes.

Ik .... nei dy ta.
I swim to you.

Wy hawwe in skelet ....
We discovered a skeleton.

Sy .... de doar.
She is shutting the door.

Sy .... fan de lûde muzyk.
She was shocked by the loud music.

Subject: Numbers

Frisian		English
(it) Nûmer	....	Number
Ien	....	One
Twa	....	Two
Trije	....	Three
Fjouwer	....	Four
Fiif	....	Five
Seis	....	Six
Sân	....	Seven
Acht	....	Eight
Njoggen	....	Nine
Tsien	....	Ten
Âlve	....	Eleven
Tolve	....	Twelve
Trettjin	....	Thirteen
Fjirtjin	....	Fourteen
Fyftjin	....	Fifteen
Sechtjin	....	Sixteen
Santjin	....	Seventeen
Achttjin	....	Eighteen
Njoggentjin	....	Nineteen
Tweintich	....	Twenty
Hûndert	....	Hundred
Tûzen	....	Thousand

Get to know these words by writing them down.

Introduction: Time words

This chapter is about words that show a time or moment. Don't confuse these time words with 'tiidwurden' in Frisian, which are 'verbs'. The chapter has 4 lessons and they're quite easy.

Time words Lesson 1

A goeie Frisian learner,

Take a good look at these words and try to put them in the sentences below. The right answers are on page 252.

Juster Yesterday   Hjoed Today
Moarn   Tomorrow   No   Now
Middei Afternoon   Altyd Always

Is hy .... werom kaam?
Did he come back yesterday?

Ik sjoch dy ....
I'll see you tomorrow.

Ik sil dy .... helpe.
I will always help you.

Wêr geane wy .... hinne?
Where are we going today?

Wy moatte .... fuort.
We must leave now.

Fan 'e .... geane wy nei beppe.
This afternoon we are going to grandma's.

.... wie it tige drok by de supermerke.
Yesterday it was really crowded at the supermarket.

.... geane wy nei hûs.
Tomorrow we are going home.

Ik haw .... foar dy soarge.
I always took care of you.

.... hawwe wy gjin nocht.
Today we are not feeling like it.

.... kinne wy tegearre wêze.
Now we can be together.

Fan 'e .... skynt de sinne.
The sun is shining this afternoon.

Time words Lesson 2

A goeie Frisian learner,

Try to complete the sentences by using the knowledge you gained in the last lesson. The right answers are on page 252.

Ik sil dy .... helpe.
I will always help you.

.... kinne wy tegearre wêze.
Now we can be together.

.... geane wy nei hûs.
Tomorrow we are going home.

Wêr geane wy .... hinne?
Where are we going today?

.... hawwe wy gjin nocht.
Today we are not feeling like it.

Fan 'e .... skynt de sinne.
The sun is shining this afternoon.

Is hy .... werom kaam?
Did he come back yesterday?

Ik sjoch dy ....
I'll see you tomorrow.

Fan 'e .... geane wy nei beppe.
This afternoon we are going to grandma's.

...... wie it tige drok by de supermerke.
Yesterday it was really crowded at the supermarket

Wy moatte .... fuort.
We must leave now.

Ik haw .... foar dy soarge.
I always took care of you.

Match the words!

Supermerke, Drok, Sinne, Werom, Beppe, Skynt, Soarge, Tige, Sjoch, Nei

See	....	Sun	....
Shines	....	Took care	....
Back	....	Crowded	....
To	....	Supermarket	....
Grandma	....	Really	....

Time words Lesson 3

A goeie Frisian learner,

I want to introduce 6 new words. Try to put them in a sentence.
The right answers are on page 253.

Jûn	Evening	Sûnt	Since
Doe	Then	Krekt	Just now, A moment ago
Ynkoarten	Soon	Niis	Just now, A moment ago

Ik bin drôvich .... ôfrûne saterdei.
I have been sad since last Saturday

Wat sei hy ....?
What was he saying a moment ago?

Ik tink dat ik .... wurch bin.
I think I am tired tonight.

Wy meie .... wer nei hûs.
Soon we are going home again.

En .... kaam ús mem thús.
And then my mom came home.

Ik kaam .... thús.
I just got home.

Hy woe my .... net helpe.
He didn't want to help me then.

Ik sei .... eat.
I just said something.

.... komt in freon fan my del.
Tonight a friend of mine is coming over.

Hy sei .... dat er net kin.
He just said that he can't.

.... krije wy in nije hûn.
Soon we are going to get a new dog.

Hy is .... juster siik.
He has been sick since yesterday.

Time words Lesson 4

A goeie Frisian learner,

Try to complete the sentence by using the knowledge you gained in the last lesson. The right answers are on page 253.

Wy meie .... wer nei hûs.
Soon we are going home again.

Hy is .... juster siik.
He has been sick since yesterday.

.... komt in freon fan my del.
Tonight a friend of mine is coming over.

Hy sei .... dat er net kin.
He just said that he can't.

Hy woe my .... net helpe.
He didn't want to help me then.

Ik kaam .... thús.
I just got home.

Ik bin drôvich .... ôfrûne saterdei.
I have been sad since last Saturday

En .... kaam ús mem thús.
And then my mom came home.

Wat sei hy ....?
What was he saying a moment ago?

Ik sei .... eat.
I just said something.

Ik tink dat ik .... wurch bin.
I think I am tired tonight.

.... krije wy in nije hûn.
Soon we are going to get a new dog.

Match the words!

Ús mem, Drôvich, Eat, Siik, Nij, Wurch, Kaam, ôfrûne, Freon, Krije

My mom	....	Get (to)	....
Sad	....	Friend	....
Tired/Sleepy	....	Sick	....
Came	....	Something	....
Days	....	New	....

Subject: School

(de) Skoalle	....	School
(wy) Skriuwe	....	Write (to)
(wy) Lêze	....	Read (to)
(ik) Lear	....	Learn (to)
(it) Kryt	....	Chalk
(de) Pinne	....	Pen
(it) Boek	....	Book
(de) Rekkenmasine	....	Calculator
(de) Dosint	....	Teacher
(de) Studint	....	Student
(ik) Studearje	....	Study (to)
(de) Oplieding	....	Education
(de) Klasse	....	Class
(ik) Lústerje/Harkje	....	Listen (to)
Foarlêze	....	Read aloud

Get to know these words by writing them down.

Introduction: Plural

This is a really important chapter. You will learn how to form plurals in Frisian. You will get to know step by step the Frisian plural forms. This chapter has 6 lessons. A little side note: some sentences in the next few lessons are simple, but they are still really helpful.

Plural Lesson 1

A goeie Frisian learner,

Let's introduce you to the most common Frisian plural rule: +en or +n

Example: Plant -> Plant*en*

Take this as the main rule, however there are exceptions to this rule. I will show you in other lessons.

Also, when a word ends with '**s**', it will become '**z**' (in plural).

The right answers are on page 253.

Change the singular word to a plural word.

Ik sjoch ien muorre. Dû sjochst twa ....
I see one wall. You see two walls.

Ik lês ien boek. Dû lêst trije ....
I read one book. You read three books.

Hy brûkt ien glês. Sy brûkt fjouwer ....
He uses one glass. She uses four glasses.

Wy hawwe in kaai. Jim hawwe fiif ....
We have a key. You (pl.) have five keys.

Wy wenje yn in doarp. Yn hoe folle .... hastû wenne?
We live in a town. In how many towns have you lived in?

Ien stêd. Twa ....
One city. Two cities.

Dû hast ien freon. Ik haw trije ....
You have one friend. I have three friends.

Jo hawwe in bedriuw. Sy hat twa ....
You have a company. She has two companies.

Ik hier in boat. Jim hiere twa ....
I am hiring a boat. You (pl.) hire two boats.

Ik gean foar ien moanne, ynstee fan fjouwer ....
I'm going for one month, instead of four months.

It is in krêft, mar der binne mear ....
It is a power, but there are more powers.

Sy hat ien hûn. Wy hawwe trije ....
She has one dog. We have three dogs.

Ik sjoch ien ljocht, mar sy sjocht seis ....
I see one light, but she sees six lights.

Ien minsk is goed, mar mear .... kinne gefaarlik wêze.
One person is good, but many people can be dangerous.

Ien tins kin al gau mear .... wurde.
One thought can quickly change into more thoughts.

Wy hawwe ien strjitte yn ús doarp. Hoe folle .... hat dyn doarp?
We have one street in our town. How many streets does your town have?

Plural Lesson 2

Goeie dei Frisian learner,

Could you do it without looking at the instructions?
The right answers are on page 254.

Ik sjoch ien muorre. Dû sjochst twa ....
I see one wall. You see two walls.

Ik lês ien boek. Dû lêst trije ....
I read one book. You read three books.

Hy brûkt ien glês. Sy brûkt fjouwer ....
He uses one glass. She uses four glasses.

Wy hawwe in kaai. Jim hawwe fiif ....
We have a key. You (pl.) have five keys.

Wy wenje yn in doarp. Yn hoe folle .... hastû wenne?
We live in a town. In how many towns have you lived in?

Ien stêd. Twa ....
One city. Two cities.

Dû hast ien freon. Ik haw trije ....
You have one friend. I have three friends.

Jo hawwe in bedriuw. Sy hat twa ....
You have a company. She has two companies.

Ik hier in boat. Jim hiere twa ....
I am hiring a boat. You (pl.) hire two boats

Ik gean foar ien moanne, ynstee fan fjouwer ....
I'm going for one month, instead of four months

It is in krêft, mar der binne mear ....
It is a power, but there are more powers.

Sy hat ien hûn. Wy hawwe trije ....
She has one dog. We have three dogs.

Ik sjoch ien ljocht, mar sy sjocht seis ....
I see one light, but she sees six lights.

Ien minsk is goed, mar mear .... kinne gefaarlik wêze.
One person is good, but many people can be dangerous.

Ien tins kin al gau mear .... wurde.
One thought can quickly change into more thoughts.

Wy hawwe ien strjitte yn ús doarp. Hoe folle .... hat dyn doarp?
We have one street in our town. How many streets does your town have?

Match the words!

Krêft, Minsk, Gefaarlik, Glês, Stêd, Bedriuw, Month, Ynstee, Hiere, Strjitte, Gau, Doarp, Tins

Street	....	Hire	....
Town	....	Dangerous	....
Power	....	Quick	....
Thought	....	Company	....
Instead	....	Glass	....
People, Person	....	City	....
Key	....	Moanne	....

Plural Lesson 3

Goeie dei Frisian learner,

We're still using the +en rule in this lesson, but there are some additions to it.

When a vowel sound becomes shorter or is already short you need to double the final consonant.
An example: Blom -> Blom**men**

Another example: Strân -> Str**annen**
The 'â' is a long vowel, so in the plural the vowel is short. Since it has a short vowel, the last letter gets doubled.

Another rule:
When a word ends with a 'ch', it will change into 'g' +en.
Example: Baarch -> Bar**gen**

Make the Frisian plurals. The right answers are on page 254.

Use these words somewhere: Fuotten & Stuollen

Juster is der ien stjer fallen. Hjoed binne der al fjouwer .... fallen.
Yesterday one star fell. Today four stars have already fallen.

Ik sjoch ien berch. Dû sjochst trije ....
I see one mountain. You see three mountains.

Kinst better twa .... brûke, ynstee fan ien foet.
Better to use two feet, instead of one foot.

Hy is yn ien lân west. Sy yn trije ....
He has been to one country. She has been to three countries.

Wy hawwe ien doar, ynstee fan twa ....
We have one door, instead of two doors.

Ik haw in beam yn myn tún. Hy hat trije .... yn syn tún.
I have one tree in my garden. He has three trees in his garden.

Moatst net ien each brûke, mar twa ....
Do not use one eye, but two eyes.

Twa .... binne better as ien hân.
Two hands are better than one hand.

Ik haw ien stien. Sy hat tsien ....
I have one stone. She has ten stones.

Hy yt in par. Sy yt trije ....
He eats a pear. She eats three pears.

Wy hawwe no ien stoel, mar wy hawwe fjouwer .... nedich.
We have one chair, but we need four chairs.

Plural Lesson 4

Goeie dei Frisian learner,

Would you be able to fill in the gaps without looking at the instructions?
The right answers are on page 254 & 255.

Juster is der ien stjer fallen. Hjoed binne der al fjouwer .... fallen.
Yesterday one star fell. Today four stars have already fallen.

Ik sjoch ien berch. Dû sjochst trije ....
I see one mountain. You see three mountains.

Kinst better twa .... brûke, ynstee fan ien foet.
Better to use two feet, instead of one foot.

Hy is yn ien lân west. Sy yn trije ....
He has been to one country. She has been to three countries.

Wy hawwe ien doar. Ynstee fan twa ....
We have one door. Instead of two doors.

Ik haw in beam yn myn tún. Hy hat trije .... yn syn tún.
I have one tree in my garden. He has three trees in his garden.

Moatst net ien each brûke, mar twa ....
Do not use one eye, but two eyes.

Twa .... binne better as ien hân.
Two hands are better than one hand.

Ik haw ien stien. Sy hat tsien ....
I have one stone. She has ten stones.

Hy yt in par. Sy yt trije ....
He eats a pear. She eats three pears.

Wy hawwe no ien stoel, mar wy hawwe fjouwer .... nedich.
We have one chair, but we need four chairs.

Match the words!

Lân, Each, Berch, Fallen, Tún, Doar, Stoel, Foet, Beam, Ynstee, Stjer, Nedich, Par, Stien

Garden	....	Stone	....
Star	....	Eye	....
Mountain	....	Need	....
Land	....	Pear	....
Stool/Chair	....	Fallen	....
Foot	....	Tree	....
Door	....	Instead	....

Plural Lesson 5

Goeie dei Frisian learner,

In the last two lessons you will learn one more rule and irregular plurals. You've already seen 'fuotten' and 'stuollen'. Now I'll show some other ones too.

Also, I want to introduce the last rule and it's an important one: Words that end with -el -em -en -ier or -er will have a +s in the plural.
An example: Sprekker -> Sprekkers

That last rule should be quite easy. But here's something interesting to look at:

Skoech	Skuon		Wei	Wegen
Dei	Dagen		Ko	Kij

As you can see above, these nouns are irregular. The words above are very common in the Frisian language, so you should learn them. Below are two examples of words that are the same both in singular and plural.

Singular	**Plural**
Bern	Bern
Skiep	Skiep

Use the instructions to make the plurals.
The right answers are on page 255.

Ien finger docht sear. Dy oare fjouwer .... dogge net sear.
One finger hurts. The other fingers don't hurt.

Ik haw in bern en sy hat twa ....
I have a child and she has two children.

Ien dei. Seis ....
One day. Six days.

Ik haw ien apel hân. Dû hast trije .... hân.
I have had one apple. You have had three apples.

Pake hat in ko. Heit hat ....
Grandpa has a cow. Dad has cows.

Somtiden haw ik ien kessen yn bêd, mar somtiden ek wol twa ....
Sometimes I have one pillow in bed and sometimes two pillows.

Hy hat in skiep, mar sy hat mear ....
He has a sheep, but she has more sheep.

In skoech. Mear ....
One shoe. More shoes.

Dit boek hat ien skriuwer. Dy oare hat twa ....
This book has one writer. The other one has two.

Ien wei kin twa .... wurde.
One road can become two roads.

In fûgel fleant troch de loft. Twa .... sitte op in tûke.
A bird flies through the sky. Two birds are sitting on a limb.

Plural Lesson 6

Goeie dei Frisian learner,

I hope you remembered the rules of the last lesson, because I would like you to try without looking at the rules. The right answers are on page 255.

Ien finger docht sear. Dy oare fjouwer .... dogge net sear.
One finger hurts. The other fingers don't hurt.

Ik haw in bern en sy hat twa ....
I have a child and she has two children.

Ien dei. Seis ....
One day. Six days.

Ik haw ien apel hân. Dû hast trije .... hân.
I have had one apple. You have had three apples.

Pake hat in ko. Heit hat ....
Grandpa has a cow. Dad has cows.

Somtiden haw ik ien kessen yn bêd, mar somtiden ek wol twa ....
Sometimes I have one pillow in bed and sometimes two pillows.

Hy hat in skiep, mar sy hat mear ....
He has a sheep, but she has more sheep.

In skoech. Mear ....
One shoe. More shoes.

Dit boek hat ien skriuwer. Dy oare hat twa ....
This book has one writer. The other one has two.

Ien wei kin twa .... wurde.
One road can become two roads.

In fûgel fleant troch de loft. Twa .... sitte op in tûke.
A bird flies through the sky. Two birds are sitting on a limb.

Match the words!

Skoech, Skiep, Heit, Dagen, Finger, Fleant, Ko, Somtiden, Loft, Bêd, Skriuwer, Wegen, Oare, Kessen, Fûgel, Tûke

Writer	....	Days	....
Pillow	....	Limb/Branch	....
Shoe	....	Roads	....
Bird	....	Flies	....
Sheep	....	Sometimes	....
Bed	....	Cow	....
Dad/Father	....	Other	....
Finger	....	Sky	....

Subject: House

(it) Hûs	....	House
(it) Finster	....	Window
(de) Doar	....	Door
(de) Keamer	....	Room
(de) Stoel	....	Chair
(de) Tafel	....	Table
(it) Bêd	....	Bed
(it) Kessen	....	Pillow/Cushion
(de) Flier	....	Floor
(de) Muorre	....	Wall
(de) Telefyzje	....	Television
(de) Bank	....	Couch/Sofa
(de) Badkeamer	....	Bathroom
(de) Sliepkeamer	....	Bedroom
(de) Kuolkast	....	Fridge
(de) Wenkeamer	....	Living room

Get to know these words by writing them down.

Introduction: Modal Verbs

So far you've already learned many kinds of verbs. This chapter will be about the modal verbs. Modal verbs show necessity or possibility. The modal verbs in English are 'must', 'shall', 'will', 'should', 'would', 'can', 'could', 'may', and 'might'. The Frisian language has 6 of these modal verbs. You will learn them in the next 24 lessons.

Lesson 1: Lit/Let

A goeie Frisian learner,

The first Frisian modal verb is 'lit' (let). The setup will be like other lessons you've gone through already. Use the table below to complete the sentences. The right answers are on page 255.

Ik **lit**
Dû **litst**
Hy, sy, it **lit**
Wy, jo, jim, sy **litte**

I **let**
You **let**
He, she, it **lets**
We, you, you (pl.), they **let**

Hy .... de doar iepen.
He leaves the door open.

Wy .... dy rêste.
We are letting you rest.

Sy .... my gean.
They are letting me go.

Dû .... it him net sjen.
You are not showing him that.

Dû .... my net prate.
You are not letting me talk.

.... my derút!
Let me out!

Sy .... it dwaan troch in oar.
She is letting someone else do it.

Ik .... him hjir komme.
I am letting him come here.

Ik .... dy winne.
I am letting you win.

.... my allinnich.
You (pl.) are letting it happen.

Ik .... it dy witte.
I'll let you know.

.... ús ússels foarstelle.
Let us introduce ourselves.

.... wy fuort gean.
Let's go away.

Sy .... gjinien ta.
They do not allow anyone.

.... my ris besykje.
Let me try.

Hy .... it net ta.
He is not allowing it.

Lesson 2: Lit/Let

A goeie Frisian learner,

Can you do it without using the table? The right answers are on page 256.

Hy .... it net ta.
He is not allowing it.

Sy .... it dwaan troch inoar.
She is letting someone else do it.

Ik .... dy winne.
I am letting you win.

Sy .... gjinien ta.
They are not allowing anyone.

Wy .... dy rêste.
We are letting you rest.

Dû .... my net prate.
You are not letting me talk.

Sy .... my gean.
They are letting me go.

.... my allinnich.
Leave me alone.

Ik .... him hjir komme.
I am letting him come here.

.... ús ússels foarstelle.
Let us introduce ourselves.

.... wy fuort gean.
Let's go away.

.... my derút!
Let me out!

Dû .... it him net sjen.
You are not showing him.

Ik .... it dy witte.
I'll let you know.

Hy .... de doar iepen.
He is leaving the door open.

.... my ris besykje.
Let me try.

140

Lesson 3: Lit/Let

A goeie Frisian learner,

Could you also do it without the help of the English translations?
The right answers are on page 256.

Dû .... my net prate.

Sy .... it dwaan troch inoar.

Ik .... dy winne.

Sy .... gjinien ta.

.... wy fuort gean.

Dû .... it him net sjen.

Sy .... my gean.

.... my allinnich.

.... my ris besykje.

.... ús ússels foarstelle.

Ik .... him hjir komme.

.... my derút!

Wy .... dy rêste

Ik .... it dy witte.

Hy .... de doar iepen.

Hy .... it net ta.

Match the words!

Inoar, Winne, Gjinien, Ússels, Besykje, Witte, Rêste, Iepen, Derút, Prate

Open	....	Ourselves	....
Rest (to)	....	Talk	....
Win	....	Someone else	....
Know	....	Out	....
No one	....	Try	....

Lesson 4: Lit/Let

A goeie Frisian learner,

Several words are missing in these sentences, can you fill in the gaps?
The right answers are on page 256.

Hy .... it .... ta.
He is not allowing it.

Ik .... him hjir ....
I am letting him come here.

Sy .... it .... troch ....
She is letting someone else do it.

.... ús .... foarstelle.
Let us introduce ourselves.

Ik .... dy ....
I am letting you win.

.... wy .... gean.
Let's go away.

Sy .... gjinien ....
They are not allowing anyone.

.... my ....!
Let me out!

Wy .... dy ....
We are letting you rest.

Dû .... it him net ....
You are not showing him.

Dû .... my net ....
You are not letting me talk.

Ik .... it dy ....
I'll let you know.

Sy .... my ....
They are letting me go.

Hy .... de doar ....
He is leaving the door open.

.... my ....
Leave me alone.

.... my ris ....
Let me try.

Lesson 1: Mei/May

Goeie dei Frisian learner,

The next Frisian modal verb is 'mei' (may). Use the table below to fill in the gaps. 'Mei' in Frisian can translate to different things like 'allow' or 'like' in Frisian. The right answers are on page 256.

Ik **mei**   I **may**
Dû **meist**   You **may**
Hy, sy, it **mei**   He, she, it **may**
Wy, jo, jim, sy **meie**   We, you, you (pl.), they **may**

Dû .... my net oanreitsje.
You may not touch me.

.... wy binnen komme?
May we come in?

.... ik mei dy dûnsje?
May I dance with you?

Sy .... my folgje.
They may follow me.

.... ik dy wat freegje?
May I ask you something?

Dû .... dyn eagen ticht dwaan.
You may close your eyes.

.... wy dy skilje?
May we call you?

Jim .... wol komme hear.
You (pl.) may come.

.... ik mei him prate?
May I speak to him?

It .... fan my wol.
I'm allowing it.

Wy .... net bûten komme.
We are not allowed to go outside.

Dû .... hjir net komme.
You may not come here.

Jim .... my net.
You (pl.) don't like me.

Sy .... it opnij dwaan.
They may do it again.

It .... fan har net.
She is not allowing it.

Sy .... my net sjen.
She may not see me.

Hy .... graach bûten wêze.
He likes to be outside.

Ik .... net by dy komme.
I am not allowed to come to you.

Lesson 2: Mei/May

A goeie Frisian learner,

Can you do it without using the table? The right answers are on page 257.

Jim .... my net.
You (pl.) don't like me.

.... wy dy skilje?
May we call you?

Wy .... net bûten komme.
We are not allowed to go outside.

Ik .... net by dy komme.
I am not allowed to come to you.

.... ik dy wat freegje?
May I ask you something?

Sy .... my net sjen.
She may not see me.

Sy .... my folgje.
They can follow me.

.... wy binnen komme?
May we come in?

Hy .... graach bûten wêze.
He likes to be outside.

Sy .... it opnij dwaan.
They try to do it again.

.... ik mei him prate?
May I speak to him?

Dû ...... my net oanreitsje.
You may not touch me.

.... ik mei dy dûnsje?
May I dance with you?

It .... fan my wol.
I am allowing it.

Dû .... hjir net komme.
You are not allowed to come here.

Dû .... dyn eagen ticht dwaan.
You may close your eyes.

It .... fan har net.
She is not allowing it.

Jim .... wol komme hear.
You (pl.) are allowed to come.

Lesson 3: Mei/May

A goeie Frisian learner,

Could you also do it without the help of the English translations?
The right answers are on page 257.

Hy .... graach bûten wêze.

.... ik mei him prate?

.... ik dy wat freegje?

Sy .... my net sjen.

.... wy binnen komme?

Sy .... it opnij dwaan.

Dû .... hjir net komme.

It .... fan my wol.

It .... fan har net.

.... wy dy skilje?

Ik .... net by dy komme.

Dû .... my net oanreitsje.

Sy .... my folgje.

Wy .... net bûten komme.

Jim .... my net.

.... ik mei dy dûnsje?

Dû .... dyn eagen ticht dwaan.

Jim .... wol komme hear.

Match the words!

Wêze, Oanreitsje, Skilje, Dûnsje, Folgje, Prate, Freegje, Mei, Opnij, Ticht, Graach, Eagen

Call/Dial ....

Ask (to) ....

Follow (to) ....

Touch ....

Be ....

Close ....

Like to ....

Eyes ....

Dance (to) ....

Again ....

With ....

Talk ....

Lesson 4: Mei/May

A goeie Frisian learner,

Several words are missing in these sentences, can you complete them?
The right answers are on page 257.

Jim .... my ....
You (pl.) don't like me.

Wy .... net .... komme.
We are not allowed to go outside.

.... ik dy wat ....?
May I ask you something?

Sy .... my ....
They can follow me.

Sy .... it .... dwaan.
They try to do it again.

Dû .... my net ....
You may not touch me.

It .... fan .... wol.
I am allowing it.

Dû .... dyn .... dwaan.
You may close your eyes.

Jim .... wol .... hear.
You (pl.) are allowed to come.

.... wy dy ....?
May we call you?

Ik .... net .... dy ....
I am not allowed to come to you.

Sy .... my net ....
She may not see me.

Hy .... graach .... wêze.
He likes to be outside.

.... ik .... him ....?
May I speak to him?

.... ik mei dy ....?
May I dance with you?

Dû .... hjir net ....
You are not allowed to come here.

It .... fan .... net.
She is not allowing it.

.... wy .... komme?
May we come in?

Lesson 1: Sil/Shall

Goeie dei Frisian learner,

The next Frisian modal verb is 'sil' (shall). Use the table below to complete the sentences. This verb might translate to 'will' and 'be going to'.
The right answers are on page 257.

Ik **sil**   I **shall**
Dû **silst**   You **shall**
Hy, sy, it **sil**   He, she, it **shall**
Wy, jo, jim, sy **sille**   We, you, you (pl.), they **shall**

It .... net sa maklik wêze.
It will not be so easy.

.... wy dit tegearre dwaan?
Shall we do this together?

Wat .... wy meitsje?
What shall I make?

.... sy harkje nei him?
Will they listen to him?

Hy .... it freegje.
He is going to ask it.

Ik .... nei hûs ride.
I am going to drive home.

Wy .... dy misse.
We are going to miss you.

Wy .... in nij hûs keapje.
We are going to buy a new house.

Ik .... it dy earlik sizze.
I am going to tell you honestly.

Wat .... ik him sizze?
What shall I tell him?

Wêr .... it wêze?
Where shall it be?

Sy .... op tiid komme.
They are going to arrive on time.

It .... wol goedkomme.
It's going to be alright.

Lesson 2: Sil/Shall

A goeie Frisian learner,

Can you do it without using the table? The right answers are on page 257.

.... sy harkje nei him?
Will they listen to him?

.... wy dit tegearre dwaan?
Shall we do this together?

It .... net sa maklik wêze.
It's not going to be easy.

Wat .... ik him sizze?
What shall I tell him?

Wat .... wy meitsje?
What shall we make?

Hy .... it freegje.
He is going to ask it.

Ik .... nei hûs ride.
I am going to drive home.

Wy .... dy misse.
We are going to miss you.

Ik .... it dy earlik sizze.
I am going to tell you honestly.

Wêr .... it wêze?
Where shall it be?

It .... wol goedkomme.
It's going to be alright.

Wy .... in nij hûs keapje.
We are going to buy a new house.

Sy .... op tiid komme.
They are going to arrive on time.

Lesson 3: Sil/Shall

A goeie Frisian learner,

Could you also do it without the help of the English translations?
The right answers are on page 258.

Ik .... it dy earlik sizze.

Wêr .... it wêze?

.... wy dit tegearre dwaan?

It .... net sa maklik wêze.

It .... wol goedkomme.

.... sy harkje nei him?

Ik .... nei hûs ride.

Wy .... in nij hûs keapje.

Wy .... dy misse.

Sy .... op tiid komme.

Wat .... ik him sizze?

Wat .... wy meitsje?

Hy .... it freegje.

Match the words!

Tegearre, Okee, Ride, Maklik, Dwaan, Meitsje, Misse, Tiid, Goedkomme, Sizze, Earlik, Keapje

Together	....	Make	....
Drive	....	Tell (to)	....
Easy	....	Okay	....
Miss (to)	....	Honest	....
Time	....	Buy (to)	....
To do	....	Will be alright	....

Lesson 4: Sil/Shall

A goeie Frisian learner,

Several words are missing in these sentences, can you fill in the gaps?
The right answers are on page 258.

.... sy .... nei ....?
Will they listen to him?

.... wy dit .... dwaan?
Shall we do this together?

It .... net sa .... wêze.
It's not going to be easy.

Wat .... ik him ....?
What shall I tell him?

Wat .... wy ....?
What shall we make?

Hy .... it ....
He is going to ask it.

Ik .... nei hûs ....
I am going to drive home.

Wy .... dy ....
We are going to miss you.

Ik .... it dy .... sizze.
I am going to tell you honestly.

Wêr .... it ....?
Where shall it be?

It .... wol ....
It's going to be alright.

Wy .... in .... hûs ....
We are going to buy a new house.

Sy .... op .... komme.
They are going to arrive on time.

Lesson 1: Wol/Want

Goeie dei Frisian learner,

Another Frisian modal verb is 'wol' (want). Use the table below to fill in the gaps. The right answers are on page 258.

Ik **wol**   I **want**
Dû **wolst**   You **want**
Hy, sy, it **wol** He, she, it **wants**
Wy, jo, jim, sy **wolle** We, you, you (pl.), they **want**

Sy .... net harkje.
She won't listen.

Ik .... âld wurde.
I want to get old.

Wy .... hjir net wêze.
We don't want to be here.

Hy .... my net sjen.
He doesn't want to see me.

.... jim it lêze?
Do you (pl.) want to read it?

.... wy dat wol?
Do we want that?

.... jim gearwurkje?
Do you (pl.) want to work together?

.... jo mei ús mei?
Do you want to come with us?

Jo .... hielendal neat.
You don't want anything.

Sy .... it net leauwe.
They don't want to believe it.

It .... net brekke.
It won't break.

Dû .... my sear dwaan.
You want to hurt me.

It .... net stopje.
It won't stop.

Sy .... graach reizgje.
They would like to travel.

Hy .... dat ik it doch.
He wants me to do it.

Ik ...... datstû it net dochst.
I don't want you to do it.

Lesson 2: Wol/Want

A goeie Frisian learner,

Can you do it without using the table? The right answers are on page 258.

.... wy dat wol?
Do we want that?

.... jim it lêze?
Do you (pl.) want to read it?

Hy .... dat ik it doch.
He wants me to do it.

Sy .... it net leauwe.
They don't want to believe it.

It .... net brekke.
It won't break.

Ik .... âld wurde.
I want to get old.

Sy .... graach reizgje.
They would like to travel.

Ik .... datstû it net dochst.
I don't want you to do it.

.... jim gearwurkje?
Do you (pl.) want to work together?

It .... net stopje.
It won't stop.

.... jo mei ús mei?
Do you want to come with us?

Dû .... my sear dwaan.
You want to hurt me.

Jo .... hielendal neat.
You don't want anything.

Sy .... net harkje.
She won't listen.

Hy .... my net sjen.
He doesn't want to see me.

Wy .... hjir net wêze.
We don't want to be here.

Lesson 3: Wol/Want

A goeie Frisian learner,

Could you also do it without the help of the English translations?
The right answers are on page 259.

Jo .... hielendal neat.

.... jo mei ús mei?

It .... net brekke.

Wy .... hjir net wêze.

Ik .... datstû it net dochst.

Ik .... âld wurde.

Dû .... my sear dwaan.

Sy .... net harkje.

Hy .... dat ik it doch.

Sy .... it net leauwe.

.... jim gearwurkje?

Sy .... graach reizgje.

It .... net stopje.

.... jim it lêze?

.... wy dat wol?

Hy .... my net sjen.

Match the words!

Reizgje, Sear, Lêze, Graach, Brekke, Leauwe, Hielendal, Gearwurkje, Stopje, Mei

Completely   ....   Would like to   ....
Believe (to) ....   Travel   ....
Break (to)   ....   Stop   ....
Sore   ....   Working together ....
Read (to)   ....   With   ....

Lesson 4: Wol/Want

A goeie Frisian learner,

Several words are missing in these sentences, can you fill in the gaps?
The right answers are on page 259.

.... wy dat ....?
Do we want that?

.... jim it ....?
Do you (pl.) want to read it?

Hy .... dat ik it ....
He wants me to do it.

Sy .... it net ....
They don't want to believe it.

It .... net ....
It won't break.

Ik .... âld ....
I want to get old.

Sy .... graach ....
They would like to travel.

Ik .... datstû it net ....
I don't want you to do it.

.... jim ....?
Do you (pl.) want to work together?

It .... net ....
It won't stop.

.... jo .... ús ....?
Do you want to come with us?

Dû .... my sear ....
You want to hurt me.

Jo .... neat.
You don't want anything.

Sy .... net ....
She won't listen.

Hy .... my net ....
He doesn't want to see me.

Wy .... hjir net ....
We don't want to be here.

Lesson 1: Kin/Can

Goeie dei Frisian learner,

The next Frisian modal verb is 'kin' (can). Use the table below to complete the sentences. The right answers are on page 259.

Ik **kin**
Dû **kin**
Hy, sy, it **kinst**
Wy, jo, jim, sy **kin**

I **can**
You **can**
He, she, it **can**
We, you, you (pl.), they **can**

Sy .... fier sjen.
She can see far.

Ik .... it net dwaan.
I cannot do it.

.... jo ús helpe?
Can you help us?

Jim .... it better as ús.
You (pl.) can do it better than us.

Dû .... it wol.
You can do it.

Hy .... de film ek sjen.
He can see the film too.

Ik .... foar mysels soargje.
I can take care of myself.

Sy .... tige goed swimme.
She can swim very well.

.... wy it sjen?
Can we see it?

Hy .... ek komme.
He can also come.

.... wy it útstelle?
Can we delay it?

Sy .... lilk wêze.
They can be angry.

It .... hjoed net.
Today is not possible.

Ik .... it my net yntinke.
I cannot imagine it.

Sy .... dy ferstean.
They can understand you.

Dû .... my alles sizze.
You can tell me anything.

.... jim my hinne bringe?
Can you (pl.) bring me?

Dû .... him fertrouwe.
You can trust him.

Lesson 2: Kin/Can

A goeie Frisian learner,

Can you do it without using the table? The right answers are on page 259.

Sy .... tige goed swimme.
She can swim very well.

Sy .... fier sjen.
She can see far.

Jim .... it better as ús.
You (pl.) can do it better than us.

Hy .... de film ek sjen.
He can see the film too.

Ik .... it my net yntinke.
I cannot imagine it.

Ik .... it net dwaan.
I cannot do it.

It .... hjoed net.
It is not possible today.

Sy .... dy ferstean.
They can understand you.

.... wy it sjen?
Can we see it?

Dû .... it wol.
You can do it.

.... jo ús helpe?
Can you help us?

.... jim my hinne bringe?
Can you (pl.) bring me?

Hy .... ek komme.
He can also come here.

Ik .... foar mysels soargje.
I can take care of myself.

Dû .... him fertrouwe.
You can trust him.

Sy .... lilk wêze.
They can be angry.

Dû .... my alles sizze.
You can tell me anything.

.... wy it útstelle?
Can we delay it?

Lesson 3: Kin/Can

A goeie Frisian learner,

Could you also do it without the help of the English translations?
The right answers are on page 260.

Jim .... it better as ús.

Sy .... fier sjen.

Hy .... de film ek sjen.

.... jo ús helpe?

Sy .... dy ferstean.

Dû .... it wol.

Hy .... ek komme.

Dû .... him fertrouwe.

Sy .... lilk wêze.

Dû .... my alles sizze.

.... wy it útstelle?

Ik .... it my net yntinke.

It .... hjoed net.

.... wy it sjen?

.... jim my hinne bringe?

Ik .... foar mysels soargje.

Sy .... tige goed swimme.

Ik .... it net dwaan.

Match the words!

Útstelle, Swimme, Soargje, Lilk, Bringe, Fertrouwe, Ferstean, Yntinke, Alles, Sjen

Bring (to)	....	Take care (to)	....
Understand	....	Everything	....
Imagine (to)	....	See	....
Swim (to)	....	Delay	....
Trust (to)	....	Angry	....

Lesson 4: Kin/Can

A goeie Frisian learner,

Several words are missing in these sentences, can you fill in the gaps?
The right answers are on page 260.

Sy .... tige goed ....
She can swim very well.

.... it better .... ús.
You (pl.) can do it better than us.

Ik .... it .... net ....
I cannot imagine it.

It .... net.
It is not possible today.

.... wy it ....?
Can we see it?

.... jo ús ....?
Can you help us?

Hy .... ek ....
He can also come here.

Dû .... him ....
You can trust him.

Dû .... my alles ....
You can tell me anything.

Sy .... fier ....
She can see far.

Hy .... de .... ek sjen.
He can see the film too.

Ik .... it net ....
I cannot do it.

Sy .... dy ....
They can understand you.

Dû .... it ....
You can do it.

.... jim .... hinne ....?
Can you (pl.) bring me?

Ik .... foar .... soargje.
I can take care of myself.

Sy .... lilk ....
They can be angry.

.... wy it ....?
Can we delay it?

Lesson 1: Moat/Must

Goeie dei Frisian learner,

The next Frisian modal verb is 'moat' (must). Use the table below to complete the sentences. The right answers are on page 260.

Ik **moat**   I **must, have to, need**
Dû **moatst**   You **must, have to, need**
Hy, sy, it **moat**   He, she, it **must, have to, need**
Wy, jo, jim, sy **moat**   We, you, you (pl.), they **must, have to, need**

Sy .... sliepe.
They must sleep now.

Ik .... no fuort.
I must leave now.

Sy .... it dwaan.
She has to do it.

Hy .... nei hûs.
He has to go home.

Jim .... it besykje.
You (pl.) need to try it.

Sy .... nei skoalle.
She needs to go to school.

.... jim wurkje?
Do you (pl.) need to work?

Jo .... derom tinke.
You need to watch out.

Hy .... mei ús mei.
He needs to come with us.

.... jo eat ite?
Do you need to eat something?

Dû .... my bringe.
You have to bring me.

.... it hjoed ôf wêze?
Does it need to be finished today?

.... wy hjir nei ûnderen?
Do we need to go down here?

Dû .... it my fertelle.
You have to tell me.

Ik .... no sliepe.
I must sleep now.

Sy .... it jild noch fan my krije.
They still have to get the money from me.

It .... wurkje.
It has to work.

Wy .... hjirre nei rjochts.
We need to turn right here.

Lesson 2: Moat/Must

A goeie Frisian learner,

Can you do it without using the table? The right answers are on page 260.

Sy .... sliepe.
They must sleep now.

Ik .... no sliepe.
I must sleep now.

Dû .... it my fertelle.
You have to tell me.

Wy .... hjirre nei rjochts.
We need to turn right here.

Sy .... it dwaan.
She has to do it.

.... jo eat ite?
Do you (pl.) need to eat something?

Sy .... nei skoalle.
She needs to go to school.

It .... wurkje.
It has to work.

Jim .... it besykje.
You (pl.) need to try it.

.... jim wurkje?
Do you need to work?

.... it hjoed ôf wêze?
Does it need to be finished today?

Dû .... my bringe.
You have to bring me.

Ik .... no fuort.
I must leave now.

Hy .... mei ús mei.
He needs to come with us.

Jo .... derom tinke.
You need to watch out.

Hy .... nei hûs.
He needs to go home.

.... wy hjir nei ûnderen?
Do we need to go down here?

Sy .... it jild noch fan my krije.
They still have to get the money from me.

Lesson 3: Moat/Must

A goeie Frisian learner,

Could you also do it without the help of the English translations?
The right answers are on page 261.

Jo .... derom tinke.

Dû .... it my fertelle.

Sy .... it dwaan.

.... wy hjir nei ûnderen?

It .... wurkje.

.... it hjoed ôf wêze?

Ik .... no fuort.

Sy .... sliepe.

Hy .... mei ús mei.

Ik .... no sliepe.

Sy .... it jild noch fan my krije.

.... jo eat ite?

Sy .... nei skoalle.

.... jim wurkje?

Dû .... my bringe.

Jim .... it besykje.

Wy .... hjirre nei rjochts.

Hy .... nei hûs.

Match the words!

Nei hûs, Jild, Derom tinke, Wurkje, Fertelle, Eat, Sliep, Nei ûnderen, Hûs, Besykje

Something	....	Try (to)	....
Sleep	....	Tell	....
Go down	....	Watch out	....
Go home	....	Money	....
House	....	Work (to)	....

Lesson 4: Moat/Must

A goeie Frisian learner,

Several words are missing in these sentences, can you fill in the gaps?
The right answers are on page 261.

Sy ....
They must sleep now.

Dû .... it my ....
You have to tell me.

Sy .... it ....
She has to do it.

Sy .... nei ....
She needs to go to school.

Jim .... it ....
You (pl.) need to try it.

.... it hjoed ôf ....?
Does it need to be finished today?

Ik .... no ....
I must leave now.

Jo .... derom ....
You need to watch out.

.... wy .... nei ....?
Do we need to go down here?

Ik .... no ....
I must sleep now.

Wy .... hjirre nei ....
We need to turn right here.

.... jo .... ite?
Do you (pl.) need to eat something?

It .... wurkje.
It has to work.

.... jim ....?
Do you need to work?

Dû .... my ....
You have to bring me.

Hy .... mei ús ....
He needs to come with us.

Hy .... nei ....
He needs to go home.

Sy ...... it ..... noch ..... my ......
They still have to get the money from me.

Subject: Places in a town

(it) Sikehûs	....	Hospital
(de) Supermerke	....	Supermarket
(it) Gebou	....	Building
(de) Toskedokter	....	Dentist
(de) Wente	....	Apartment/Dwelling
(de) Dokter	....	Doctor
(de) Tsjerke	....	Church
(de) Brânwacht	....	Fire department/Fire brigade
(de) Plysje	....	Police
(it) Plysjeburo	....	Police station
(it) Treinstasjon	....	Train station
(de) Bank	....	Bank
(it) Fleanfjild	....	Airport
(de) Rjochtbank	....	Court
(de) Slachter	....	Butcher's
(de) Hierknipper	....	Hairdresser/Barber
(it) Museum	....	Museum
(de) Bistetún	....	Zoo
(it) Park	....	Park

Get to know these words by writing them down.

Introduction: How to make diminutives?

In this chapter you will get to learn how to form diminutives. There are only 3 lessons on this subject, but I am sure it's enough for you.

How to make diminutives? Lesson 1

Goeie dei Frisian learner,

To make a diminutive you need to use the following rules:

1. When a Frisian word ends with m, p, f, r, i, s or w. You need to put +ke at the end of this Frisian word.
For example: glês -> gleske   (glass -> little glass)

2. When a word ends with l, n, t or d. You need to put +tsje on the end of the Frisian word. Words that end with d or t already, you only need to use -sje.
For example: bêd -> bedsje   (bed -> little bed).

3. When a word ends with k, ng, ch or ge. You need to put only +je at the end. Words that end with ng, these need to be changed to nk +je.

An example: seage -> seachje   (saw – little saw)
Another example: ring -> rinkje   (ring - little ring)

Use the instructions to form diminutive.
The right answers are on page 261.

| Fear | Lyts .... | | Wurd | Lyts .... |
| Feather | Little feather | | Word | Little word |

| Doarp | Lyts .... | | Stien | Lyts .... |
| Town | Little town | | Stone | Little Stone |

| Berjocht | Lyts .... | | Mar | Lyts .... |
| Message | Little message | | Lake | Little lake |

Kaai Key	**Lyts** .... Little key		**Stêd** City	**Lyts** .... Little city
Beam Tree	**Lyts** .... Little tree		**Paad** Path	**Lyts** .... Little path
Doar Door	**Lyts** .... Little door		**Stjer** Star	**Lyts** .... Little star
Bedriuw Company	**Lyts** .... Little company		**Tried** Wire	**Lyts** .... Little wire
Blom Bloom	**Lyts** .... Little bloom/flower		**Plant** Plant	**Lyts** .... Little plant
Sleat Ditch	**Lyts** .... Little ditch		**Hûs** House	**Lyts** .... Little house
Blêd Leaf	**Lyts** .... Little leaf		**Skerm** Screen	**Lyts** .... Little screen
Peal Pole	**Lyts** .... Little pole		**Finster** Window	**Lyts** .... Little window
Fûgel Bird	**Lyts** .... Little bird			

Recap of the Frisian words

Goeie dei Frisian learner,

Let's do a little recap of all the new Frisian words that you've seen.
Match the words! The right answers are on page 261.

Kaaike, Fearke, Stjerke, Beamke, Berjochtsje, Paadsje, Doarke, Stêdsje, Doarpke, Marke, Wurdsje, Stientsje

Little feather	....	Little town	....
Little path	....	Little door	....
Little tree	....	Little stone	....
Little message	....	Little lake	....
Little key	....	Little city	....
Little star	....	Little word	....

Match the words!

Plantsje, Bedriuwke, Triedsje, Sleatsje, Blomke, Finsterke, Hûske, Blêdsje, Fûgeltsje, Pealtsje, Skermke

Little company	....	Little bird	....
Little wire	....	Little window	....
Little bloom	....	Little pole	....
Little plant	....	Little screen	....
Little ditch	....	Little leaf	....
Little house	....		

How to make diminutives? Lesson 2

Goeie dei Frisian learner,

Would you be able to make the diminutives without looking at the rules?
The right answers are on page 262.

Fear Feather	**Lyts** .... Little feather		**Wurd** Word	**Lyts** .... Little word
Doarp Town	**Lyts** .... Little town		**Stien** Stone	**Lyts** .... Little stone
Berjocht Message	**Lyts** .... Little message		**Mar** Lake	**Lyts** .... Little lake
Kaai Key	**Lyts** .... Little key		**Stêd** City	**Lyts** .... Little city
Beam Tree	**Lyts** .... Little tree		**Paad** Path	**Lyts** .... Little path
Doar Door	**Lyts** .... Little door		**Stjer** Star	**Lyts** .... Little star
Bedriuw Company	**Lyts** .... Little company		**Tried** Wire	**Lyts** .... Little wire
Blom Bloom	**Lyts** .... Little bloom/flower		**Plant** Plant	**Lyts** .... Little plant
Sleat Ditch	**Lyts** .... Little ditch		**Hûs** House	**Lyts** .... Little house
Blêd Leaf	**Lyts** .... Little leaf		**Skerm** Screen	**Lyts** .... Little screen
Peal Pole	**Lyts** .... Little pole		**Finster** Window	**Lyts** .... Little window

Subject: Emotions & Feelings

Frisian		English
(it) Gefoel	....	Feeling
Hertsear	....	Heartbroken
Bliid	....	Happy, Blithe
(ik) Gûl	....	Cry (to)
Leaf	....	Sweet, Kind
Drôvich	....	Sad
Siik	....	Sick
(ik) Laitsje	....	Laugh (to)
Albegearich	....	Greedy
Fereale	....	In love
Ferlegen	....	Shy
Bang	....	Scared
Lilk	....	Angry
Argewaasje	....	Annoyed
Grutsk	....	Proud
Beskieden	....	Modest
Senuweftich	....	Nervous
Frustreard	....	Frustrated
Hûnger	....	Hungry
Toarst	....	Thirsty
Rekke	....	Hurt
Slûch	....	Sleepy
Iensum	....	Lonely
Skuldich	....	Guilty

Get to know these words by writing them down.

Introduction: De or it?

Both of these words mean 'the' in Frisian. When do you 'it' and when do you 'de'? Unfortunately, there often isn't a rule and you need to learn the article by hard. The only thing I can tell about these words: when a word is a diminutive, as you've seen in one of the previous chapters, it will always have 'it'. Like 'it amerke'. (little bucket). Also, when a Frisian word ends with an 'e' it will always have 'de'.

The best way to learn if you need 'de' or 'it' is through practice. What I want you to do is after each lesson you do, is look up the right answers and learn from them. I believe if you practice this long enough, you'll eventually make connections and gain a 'feeling' for these words.

De or it? Lesson 1

A goeie Frisian learner,

Fill in, 'de' or 'it'? The right answers are on page 262.
Remember: when a Frisian word ends with an 'e' it will always have 'de' upfront.

The bedroom
.... sliepkeamer

The board
.... boerd

The brain
.... harsens

The emotion
.... emoasje

The problem
.... probleem

The lamppost
.... lantearnepeal

The path
.... paad

The food
.... iten

The meeting
.... gearkomst

The religion
.... godtsjinst

The sweat
.... swit

The price
.... priis

The pistol
.... pistoal

The future
.... takomst

The treasure
.... skat

The dream
.... dream

The request
.... fersyk

The work
.... wurk

The visitor
.... besiker

The nickname
.... bynamme

De or it? Lesson 2

A goeie Frisian learner,

This lesson is a recap of the previous two lessons.
Match the words, 'de' or 'it'? The right answers are on page 262.

Sliepkeamer, Probleem, Boerd, Emoasje, Harsens, Lantearnepeal, Paad, Godtsjinst, Iten, Gearkomst

De	....	De	....
It	....	It	....
De	....	De	....
It	....	It	....
De	....	De	....

Swit, Priis, Pistoal, Takomst, Skat, Dream, Fersyk, Wurk, Besiker, Bynamme

De	....	De	....
It	....	It	....
De	....	De	....
It	....	It	....
De	....	De	....

De or it? Lesson 3

A goeie Frisian learner,

Fill in, 'de' or 'it'? The right answers are on page 262.
Remember: when a Frisian word ends with an 'e' it will always have 'de' upfront.

| **The toothbrush** | **The land/Country** | **The file (on PC)** |
| .... toskeboarstel | .... lân | .... bestân |

| **The candle** | **The change** | **The traffic** |
| .... kears | .... feroaring | .... ferkear |

| **The herb** | **The opinion** | **The line** |
| .... krûd | .... miening | .... line |

| **The laundry** | **The match (game)** | **The riddle** |
| .... wask | .... wedstriid | .... riedsel |

| **The meal** | **The writer** | **The family** |
| .... miel | .... skriuwer | .... famylje |

| **The code** | **The steering wheel** | **The friendship** |
| .... koade | .... stjoer | .... freonskip |

| **The existence** | **The emergency** |
| .... bestean | .... needtastân |

De or it? Lesson 4

A goeie Frisian learner,

This lesson is a recap of the previous two lessons.
Match the words, 'de' or 'it'? The right answers are on page 262.

Riedsel, Wedstriid, Skriuwer, Famylje, Miel, Koade, Stjoer, Freonskip, Bestean, Needtastân

De	....	De	....
It	....	It	....
De	....	De	....
It	....	It	....
De	....	De	....

Lân, Toskeboarstel, Bestân, Kears, Feroaring, Ferkear, Wask, Miening, Line, Krûd

De	....	De	....
It	....	It	....
De	....	De	....
It	....	It	....
De	....	De	....

De or it? Lesson 5

A goeie Frisian learner,

Fill in, 'de' or 'it'? The right answers are on page 263.
Remember: when a Frisian word ends with an 'e' it will always have 'de' upfront.

The place .... plak	**The fence** .... hikke	**The quarrel/argument** .... rûzje
The war .... kriich	**The news** .... nijs	**The seed** .... sied
The broom/besom .... biezem	**The area/region** .... krite	**The vacation/holidays** .... fakânsje
The life .... libben	**The fire (destructive)** .... brân	**The bag** .... pûde
The government .... regear	**The schedule** .... reaster	**The distraction** .... ôflieding
The maintenance .... ûnderhâld	**The talk/conversation/chat** .... petear	**The pandemic** .... goarre
The box .... doaze	**The willpower** .... wilskrêft	

De or it? Lesson 6

A goeie Frisian learner,

This lesson is a recap of the previous two lessons.
Match the words, 'de' or 'it'? The right answers are on page 263.

Plak, Hikke, Rûzje, Kriich, Nijs, Sied, Biezem, Krite, Fakânsje, Libben

De	....	De	....
It	....	It	....
De	....	De	....
It	....	It	....
De	....	De	....

Brân, Regear, Pûde, Reaster, Ôflieding, Ûnderhâld, Doaze, Goarre, Petear, Wilskrêft

De	....	De	....
It	....	It	....
De	....	De	....
It	....	It	....
De	....	De	....

De or it? Lesson 7

A goeie Frisian learner,

Fill in, 'de' or 'it'? The right answers are on page 263.

The consumption/wastage
.... ferbrûk

The evening
.... jûn

The pattern
.... patroan

The invention
.... útfining

The lighter
.... fjoeroanstekker

The center
.... sintrum

The history
.... skiednis

The queue/line/row
.... rige

The confidence
.... selsfertrouwen

The shift
.... tsjinst

The permission
.... tastimming

The garbage
.... ôffal

The space
.... rûmte

The policy
.... belied

The cigarette
.... sigaret

The story
.... ferhaal

The birthday
.... jierdei

The gravity
.... swiertekrêft

The border
.... grins

The sunlight
.... sinneljocht

De or it? Lesson 8

A goeie Frisian learner,

This lesson is a recap of the previous two lessons.
Match the words, 'de' or 'it'? The right answers are on page 263.

Tastimming, Ôffal, Rûmte, Belied, Sigaret, Ferhaal, Jierdei, Swiertekrêft, Grins, Sinneljocht

De	....	De	....
It	....	It	....
De	....	De	....
It	....	It	....
De	....	De	....

Ferbrûk, Jûn, Patroan, Útfining, Fjoeroanstekker, Sintrum, Skiednis, Rige, Selsfertrouwen, Tsjinst

De	....	De	....
It	....	It	....
De	....	De	....
It	....	It	....
De	....	De	....

De or it? Lesson 9

A goeie Frisian learner,

Fill in, 'de' or 'it'? The right answers are on page 263.

The chapter
.... haadstik

The girlfriend
.... faam

The lie
.... leagen

The nutrition
.... fieding

The transport
.... ferfier

The taxes
.... belesting

The neighbours
.... buorren

The plural
.... mearfâld

The mind/understanding
.... ferstân

The settlement
.... delsetting

The shot (from gun)
.... skot

The summary
.... gearfetting

The proof
.... bewiis

The solution
.... solúsje

The suspicion
.... fertinking

The page
.... blêdside

The paint
.... ferve

The weather
.... waar

The wisdom
.... wiisheid

The betrayal
... ferried

De or it? Lesson 10

A goeie Frisian learner,

This lesson is a recap of the previous two lessons.
Match the words, 'de' or 'it'? The right answers are on page 264.

Haadstik, Faam, Leagen, Fieding, Ferfier, Belesting, Mearfâld, Buorren, Ferstân, Delsetting

De	....	De	....
It	....	It	....
De	....	De	....
It	....	It	....
De	....	De	....

Skot, Gearfetting, Bewiis, Solúsje, Fertinking, Blêdside, Waar, Ferve, Wiisheid, Ferried

De	....	De	....
It	....	It	....
De	....	De	....
It	....	It	....
De	....	De	....

Subject: Languages

Frisian word		English
Frysk	....	Frisian
Dútsk	....	German
Hollânsk/Nederlânsk	....	Dutch
Noarsk	....	Norwegian
Ingelsk	....	English
Russysk	....	Russian
Deensk	....	Danish
Gryksk	....	Greek
Latynsk	....	Latin
Spaansk	....	Spanish
Frânsk	....	French
Skotsk	....	Scottish
Iersk	....	Irish
Italiaansk	....	Italian
Finsk	....	Finnish

Get to know these words by writing them down.

Introduction: This, that, these and those

In this chapter we will talk about 'this', 'that', 'these' and 'those' in Frisian. In Frisian you say: Dit, Dat, Dizze & Dy. This might get complicated. I hope you'll understand these words after these 3 lessons.

This, that, these and those Lesson 1

Goeie dei Frisian learner,

I'm going to be honest with you. This might be really hard to understand. Take a good look at the meanings.

Dy   'Those' or 'that'. Something farther away.

Dizze 'These' or 'this (one)'. Talking about something near you with 'de' nouns.

Dit   'This'. Also talking about something near you with 'it' nouns.'

Dat   'That' or 'those'. Both farther away.

In Frisian all the words (above) can be singular and plural. In English, 'this' and 'that' are singular and 'those' and 'these' are plural. So watch out for this!
The right answers are on page 264.

Fill in: Dizze, Dy, Dit or Dat

.... **boeken binne fan my.** (farther away)
Those books are mine.

.... **binne myn skuon.** (not near you)
Those are my shoes.

.... **muorre is bryk.** (near you)
This wall is crooked.

.... **is in muorre.** (near you)
This is a wall.

.... **is noflik.**
That is nice.

.... **is myn plak.** (near you)
This is my place.

Ik fyn .... **merke noflik.** (near you)
I think this market is cozy.

Binne .... **fan dy?** (farther away)
Are those yours?

Wat tinkstû fan .... **muorre?** (near you)
What do you think of that wall?

.... **is in foto fan my.** (near you)
This is a photo of me.

.... **binne syn klean.** (farther away)
Those are his clothes.

.... **boeken binne fan dy.** (near you)
These books are yours.

This, that, these and those Lesson 2

Goeie dei Frisian learner,

Could you try to fill in the gaps without looking at the instructions?
The right answers are on page 264.

.... is myn plak.
This is my place.

.... binne myn skuon.
Those are my shoes.

.... is in foto fan my.
This is a photo of me.

.... boeken binne fan my.
Those books are mine.

Wat tinkstû fan .... muorre?
What do you think of that wall?

.... is noflik.
That is nice.

.... is in muorre.
This is a wall.

.... boeken binne fan dy.
These books are yours.

.... binne syn klean.
Those are his clothes.

Ik fyn .... merke noflik.
I think this market is cozy.

.... muorre is bryk.
This wall is crooked.

Binne .... fan dy?
Are those yours?

This, that, these and those Lesson 3

Goeie dei Frisian learner,

Could you do it without the English translations too?
The right answers are on page 264.

.... muorre is bryk.

.... binne myn skuon.

.... is noflik.

.... is myn plak.

.... binne syn klean.

Binne .... fan dy?

Ik fyn .... merke noflik.

.... is in foto fan my.

.... is in muorre.

.... boeken binne fan dy.

.... boeken binne fan my.

Wat tinkstû fan .... muorre?

Match the words!

Bryk, Boeken, Plak, Klean, Syn, Merke, Noflik, Foto, Skoech, Muorre, Skuon, You think

Wall	....	Market	....
Books	....	Place	....
Crooked	....	Clothes	....
Shoe	....	Photo	....
Shoes	....	His	....
Nice/Cozy	....	Tinkstû	....

Subject: Countries

Frisian		English
Fryslân	....	Friesland
Dútslân	....	Germany
Nederlân	....	Netherlands
Ingelân	....	England
Amearika	....	America
Eastenryk	....	Austria
Yslân	....	Iceland
Ruslân	....	Russia
Belgje	....	Belgium
Frankryk	....	France
Itaalje	....	Italy
Noarwei	....	Norway
Sjina	....	China
Skotlân	....	Scotland
Grikelân	....	Greece
Grienlân	....	Greenland
Austraalje	....	Australia
Nij-Seelân	....	New-Zealand

Get to know these words by writing them down.

Introduction: Present Perfect

You've probably seen a few present perfect verbs by now. But how do they work? When to use and where to put them? In the next 3 lessons you will learn how to form verbs in the present perfect.

Present Perfect Lesson 1

A goeie Frisian learner,

Take a good look at the table below.

Present T.	Past Tense	Present P.	Present P.
Ik haw	Ik hie	Ik haw hân	I have had
Ik doch	Ik die	Ik haw dien	I have done
Ik jou	Ik joech	Ik haw jûn	I have given
Ik bin	Ik wie	Ik haw west	I have been
Ik gean	Ik gie	Ik bin gien	I have gone
Ik sjoch	Ik seach	Ik haw sjoen	I have seen
Ik tink	Ik tocht	Ik haw tocht	I have thought
Ik krij	Ik krige	Ik haw krigen	I have gotten

The Frisian present perfect can be a past simple in English.

Use the table above to complete the sentences below.
The right answers are on page 264.

Wy hawwe it wurk ....
We have done the work.

Hy hat in soad respekt ....
He has gotten a lot of respect.

Hy is juster nei in freon ....
He went to see a friend yesterday.

Hy hat it juster oan him ....
He gave it to him yesterday.

Sy is nei skoalle ....
She went to school.

Wêrom hawwe wy neat ....?
Why didn't we get anything?

Ik haw gjin pine ....
I did not have any pain.

Ik haw krekt in film ....
I just watched a film.

Hastû de nije edysje al ....?
Have you seen the new edition?

Wêr bistû hinne ....?
Where did you go?

Wat hastû by d'ein ....?
What have you been up to?

Ik haw der juster noch oan ....
I thought about it yesterday.

Ik tankje dy foar watstû foar my ...... hast.
I thank you for what you have done for me.

Sy hat der oan ....
She thought about it.

Hastû it oan my ....?
Did you give it to me?

Sy is hjir al ....
Sy has been here already.

Present Perfect Lesson 2

A goeie Frisian learner,

Could you do it without looking at the table? The right answers are on page 265.

Wy hawwe it wurk ....
We have done the work.

Sy is nei skoalle ....
She went to school.

Hastû de nije edysje al ....?
Have you seen the new edition?

Ik tankje dy foar watstû foar my ..... hast.
I thank you for what you have done for me.

Hy hat in soad respekt ....
He has gotten a lot of respect.

Wêrom hawwe wy neat ....?
Why didn't we get anything?

Wêr bistû hinne ....?
Where did you go?

Sy hat der oan ....
She thought about it.

Hy is juster nei in freon ....
He went to see a friend yesterday.

Ik haw gjin pine ....
I did not have any pain.

Wat hastû by d'ein ....?
What have you been up to?

Hastû it oan my ....?
Did you give it to me?

Hy hat it juster oan him ....
He gave it to him yesterday.

Ik haw krekt in film ....
I just watched a film.

Ik haw der juster noch oan ....
I thought about it yesterday.

Sy is hjir al ....
Sy has been here already.

Match the words!

Wike, Neat, Freon, Pine, Al, Bistû, Watstû, Edysje, Hastû, Ferline

Week	....	What you	....
Last	....	Pain	....
Friend	....	Already	....
Edition	....	Have you	....
Are you	....	Nothing	....

Present Perfect Lesson 3

A goeie Frisian learner,

Could you do it without the English translations and the table?
The right answers are on page 265.

Hastû it .... my ....?
Did you give it to me?

Hy hat it .... oan him ....
He gave it to him yesterday.

Sy is .... skoalle ....
She went to school.

.... de nije edysje al ....?
Have you seen the new edition?

Ik haw .... pine ....
I did not have any pain.

Hy hat in soad ....
He has gotten a lot of respect.

Wêrom .... wy neat ....?
Why didn't we get anything?

.... bistû hinne ....?
Where did you go?

Ik haw der juster .... oan ....
I thought about it yesterday.

Sy hat der ....
She thought about it

Hy is juster nei in ....
He went to see a friend yesterday.

.... hastû by d'ein ....?
What have you been up to?

Ik ..... dy foar ..... foar my ..... hast.
I thank you for what you have done for me.

Ik haw .... in film ....
I just watched a film.

.... hawwe .... wurk ....
We have done the work.

Sy is .... al ....
Sy has been here already.

Test your speech

Below you'll see 10 Frisian sentences. Try to record yourself and send these audio files to me at info@learnfrisian.com and I will give you feedback on your Frisian pronunciation.

1. Sy is in leaf famke.
2. Jim moatte harkje.
3. Wy fine it in goed plan.
4. Fielst dy goed?
5. Jo moatte it leauwe.
6. Dû bist fan my.
7. Dyn skonk docht dear.
8. Kin sy ús ferstean?
9. Myn keamer is skjin.
10. Ik kin har helpe.

Before you record yourself I advise you to listen to the online audio files first.

Connecting words

In this chapter you will learn 'conjunctions'. These words connect two different parts of sentences. You will get to know them in the next 6 lessons.

Connecting words Lesson 1

A goeie Frisian learner,

Take a look at the words below and try to put them in the right sentence.
The right answers are on page 265.

Oft	Whether, If	Mar	But
Om't/Omdat	Because	Wylst	While
Dus	So	Tusken	Between

It is net dúdlik .... sy hjoed komme.
It is not clear whether they are coming today or not.

Wat is it ferskil .... goud en sulver?
What is the difference between gold and silver?

Ik fiel my goed, ... ik kin wol komme.
I am feeling good, so I can come over.

Ik wol net dat sy rydt .... sy sa wurch is.
I don't want her to drive while she's so tired.

It kin hjoed net, ... ik siik bin.
It is not possible today, because I am sick.

Ik freegje my ôf .... se mei ús komme wolle.
I wonder if they want to come with us.

Hy wie dreech, ... sy wie dreger.
He was slow, but she was slower.

Connecting words Lesson 2

A goeie Frisian learner,

Take a good look at the new words below and try to put them in the right sentence.
The right answers are on page 265.

Sûnder	Without	Oant	Till
Neffens	According	Lykas	Like
As	As, If, Than	Dêrom	That's why

Hy is grutter .... dy.
He is bigger than you.

Sil it .... juster wer drok wêze?
Will it be busy again like yesterday?

Myn bus kaam net, ... wie ik let.
My bus didn't come, that's why I was late.

Ik soe net .... dy gean.
I wouldn't go without you.

It sil reine .... nije wike.
It is not going to stop raining until next week.

Ik kom del .... ik frij bin.
I'll come over when I'm free.

It sil snije .... it waarberjocht.
It will snow according to the weather forecast.

Connecting words Lesson 3

A goeie Frisian learner,

Let's do some revision. Try to put the words below in the right sentence.
The right answers are on page 265.

Oft	Whether, If	Lykas	Like	As	As, If, Than
Om't/Omdat	Because	Dêrom	That's why	Oant	Till
Dus	So	Sûnder	Without	Wylst	While
Mar	But	Neffens	According	Tusken	Between

It sil reine .... nije wike.
It is not going to stop raining until next week.

Hy wie dreech, ... sy wie dreger.
He was slow, but she was slower.

Ik soe net .... dy gean.
I wouldn't go without you.

Wat is it ferskil .... goud en sulver?
What is the difference between gold and silver?

Sil it .... juster wer drok wêze?
Will it be busy again like yesterday?

It sil snije .... it waarberjocht.
It will snow according to the weather forecast.

Ik fiel my goed, ... ik kin wol komme.
I am feeling good, so I am going to come over.

It kin hjoed net, ... ik siik bin.
It is not possible today, because I'm sick.

Ik kom del .... ik frij bin.
I'll come over when I'm free.

It is net dúdlik .... sy hjoed komme.
It is not clear whether they are coming today or not.

Ik freegje my ôf .... se mei ús komme wolle.
I wonder if they want to come with us.

Hy is grutter ...... dy.
He is bigger than you.

Ik wol net dat sy rydt .... sy sa wurch is.
I don't want her to drive while she's so tired.

Myn bus kaam net, ... wie ik let.
My bus didn't come, that's why I was late.

Connecting words Lesson 4

A goeie Frisian learner,

Could you fill in the gaps without looking at the words?
The right answers are on page 266.

Myn bus kaam net, ... wie ik let.
My bus didn't come, that's why I was late.

Wat is it ferskil .... goud en sulver?
What is the difference between gold and silver?

Sil it .... juster wer drok wêze?
Will it be busy again like yesterday?

Hy wie dreech, ... sy wie dreger.
He was slow, but she was slower.

It sil snije .... it waarberjocht.
It will snow according to the weather forecast.

It kin hjoed net, ... ik siik bin.
It is not possible today, because I'm sick.

Ik kom del .... ik frij bin.
I'll come over when I'm free.

Ik freegje my ôf .... se mei ús komme wolle.
I wonder if they want to come with us.

It is net dúdlik .... sy hjoed komme.
It is not clear whether they are coming today.

Ik fiel my goed, ... ik kin wol komme.
I am feeling good, so I can come over.

Ik wol net dat sy rydt .... sy sa wurch is.
I don't want her to drive while she's so tired.

Hy is grutter .... dy.
He is bigger than you.

It sil reine .... nije wike.
It is not going to stop raining until next week.

Ik soe net .... dy gean.
I wouldn't go without you.

Connecting words Lesson 5

A goeie Frisian learner,

Try to fill in the gaps without using the translations. The right answers are on page 266.

Ik soe net .... dy gean.

It sil reine .... nije wike.

Ik freegje my ôf .... se mei ús komme wolle.

It is net dúdlik .... sy hjoed komme.

Sil it .... juster wer drok wêze?

Myn bus kaam net, ... wie ik let.

Hy is grutter .... dy.

It kin hjoed net, ... ik siik bin.

Ik fiel my goed, ... ik kin wol komme.

Wat is it ferskil .... goud en sulver?

Hy wie dreech, ... sy wie dreger.

Ik kom del ...... ik frij bin.

It sil snije .... it waarberjocht.

Ik wol net dat sy rydt .... sy sa wurch is.

Match the words!

Freegje my ôf, Let, Dreger, Rydt, Snije, Grutter, Drok, Waarberjocht, Sulver, Goud, Wurch, Dúdlik

Gold	....	Slower	....
Tired	....	Busy	....
Clear	....	Snow (to)	....
Silver	....	Bigger	....
I wonder	....	Late	....
Weather forecast	....	Drives	....

Connecting words Lesson 6

A goeie Frisian learner,

Several words are missing, can you fill in the gaps?
The right answers are on page 266.

Myn bus .... net, ... wie ik ....
My bus didn't come, that's why I was late.

Wat is .... ferskil .... goud en ....?
What is the difference between gold and silver?

Sil it .... juster wer .... wêze?
Will it be busy again like yesterday?

Hy .... dreech, ... sy wie ....
He was slow, but she was slower.

It .... snije .... it ....
It will snow according to the weather forecast.

It .... hjoed net, ... ik .... bin.
It is not possible today, because I'm sick.

Ik kom del .... ik .... bin.
I'll come over when I'm free.

Ik .... my ôf .... se mei ús .... wolle.
I wonder if they want to come with us.

It is net .... sy hjoed ....
It is not clear whether they are coming today or not.

Ik .... my goed, ... ik kin wol ....
I am feeling good, so I can come over.

Ik .... net dat .... rydt .... sy sa .... is.
I don't want her to drive while she's so tired.

Hy is .... dy.
He is bigger than you.

It .... reine .... nije ....
It is not going to stop raining until next week.

Test your speech

Below you'll see 10 Frisian sentences. Try to record yourself and send these audio files to me at info@learnfrisian.com and I will give you feedback on your Frisian pronunciation.

1. Njonken my is in wei.
2. Sjoch ris nei rjochts.
3. It is efter de doar.
4. Syn skuon wiene ûnder syn bêd.
5. Wy kinne net nei rjochts.
6. Boppe yn de toer.
7. Hy sit ûnder de treppe.
8. Hjir bin ik al west.
9. De sinne is oeral.
10. Wy binne tige fier fuort.

Before you record yourself I advise you to listen to the online audio files first.

Introduction: Sentence Structure

In this chapter we will practice the positions of verbs. The younger generation of Frisians seems to struggle with this rule due to Dutch influence.

The rule is: the most important (main) verb comes in front of the least important verb. This chapter has 4 lessons.

Sentence Structure Lesson 1

A goeie Frisian learner,

There are 2 verbs missing in each sentence, can you find and put the right verbs in the sentences? Use this rule: put the most important verb before the less important verbs to make a right Frisian sentence. Beneath the Frisian sentences will also be a literal English translation for you to see what happened. Use the words below.
The right answers are on page 266.

Lêze	Read (to)	Slaan	Hit, Punch (to)	Litte	Let
Wurkje	Work (to)	Falle	Fall (to)	Sjonge	Sing (to)
Gean	Go (to)	Brâne	Burn (to)	Sjen	Look (to)
Stean	Stand (to)	Besykje	Try (to)	Moatten	Must
Ride	Drive (to)				

Note: some of these verbs you can use several times.

Hy kin my wol ....
He should let me drive.
Literal: He can me drive let.

Hy moat ....
He has to go to work.
Literal: He has to work go.

Sy wolle my it ....
They want to show me.
Literal: They want me it show let.

Hy wol it my ....
He wants me to read it.
Literal: He wants it me read let.

Dû moatst it glês ....
Leave the glass there.
Literal: You must the glass stand let.

It hout moatst ....
Let the wood be burned.
Literal: The wood must burned let.

Sy moat it net ....
She should not drop it.
Literal: She must it not drop let.

Sy hie al lang ....
She should have sung already.
Literal: She have already sung should.

Dû kinst dy(sels) net ....
You shouldn't let yourself be punched.
Literal: You can yourself not punched let.

Hy hie it ....
He should have tried it.
Literal: He have it tried must.

Sentence Structure Lesson 2

A goeie Frisian learner,

Could you complete the sentences without looking up the words?
The right answers are on page 267.

It hout moatst ....
Let the wood be burned.

Sy wolle my it ....
They want to show me.

Sy moat it net ....
She should not drop it.

Hy kin my wol ....
He should let me drive.

Dû moatst it glês ....
Leave the glass there.

Sy hie al lang ....
She should have sung already.

Dû kinst dy net ....
You shouldn't let yourself be punched.

Hy hie it ....
He should have tried.

Hy moat ....
He has to go to wurk.

Hy wol it my ....
He wants me to read it.

Sentence Structure Lesson 3

A goeie Frisian learner,

More words are missing now, are you still able to complete the sentences? The right answers are on page 267.

Dû .... it glês ....
Leave the glass there.

Sy moat it ....
She should not drop it.

Hy .... my wol ....
He should let me drive.

.... moat ....
He has to go to wurk.

Sy .... al lang ....
She should have sung already.

Sy .... my it ....
They want to show me.

Dû .... dy net ....
You shouldn't let yourself be punched.

Hy .... it ....
He should have tried.

It .... moatst ....
Let the wood be burned.

Hy .... it my ....
He wants me to read it.

Test your speech

Below you'll see 10 Frisian sentences. Try to record yourself and send these audio files to me at info@learnfrisian.com and I will give you feedback on your Frisian pronunciation.

1. Wy krije ynformaasje fan dy.
2. Dû brûkst har wein.
3. Jim jouwe my in goed gefoel.
4. Sy brûkt har ferstân net.
5. Ik hâld dy fêst.
6. Jo jouwe net safolle om my.
7. Docht sy alles goed?
8. Sy geane my fertelle wêrom.
9. Sy krije net genôch.
10. Dû dochst in bytsje nuver.

Before you record yourself I advise you to listen to the online audio files first.

Introduction: How to write numbers?

This chapter is about writing down Frisian numbers, which isn't that important. But it will help you understand the language better. Also writing down Frisian numbers is different from English. You'll find out in the next lesson.

How to write numbers? Lesson 1

A goeie Frisian learner,

Below you'll see a long list of written Frisian numbers. Take a good look at the list.

1	Ien	55	Fiifenfyftich
2	Twa	60	Sechtich
3	Trije	66	Seisensechtich
4	Fjouwer	70	Santich
5	Fiif	77	Sanensantich
6	Seis	80	Tachtich
7	Sân	88	Achtentachtich
8	Acht	90	Njoggentich
9	Njoggen	99	Njoggenennjoggentich
10	Tsien	100	Hûndert
11	Âlve	110	Hûnderttsien
20	Tweintich	122	Hûnderttwaentweintich
22	Twaentweintich	143	Hûnderttrijenfjirtich
30	Tritich	500	Fiifhûndert
33	Trijentritich	1.000	Tûzen
40	Fjirtich	1.254	Tolvehûndertfjouwerenfyftich
44	Fjouwerenfjirtich	2.000	Twatûzen
50	Fyftich	1.000.000	Miljoen

Write down the Frisian numbers by using the list above.
The right answers are on page 267.

98 ....   32 ....

39 ....   43 ....

63 ....   83 ....

84 ....   54 ....

564 .... 765 ....

76 .... 91 ....

57 .... 47 ....

297 .... 345 ....

753 .... 434 ....

787 .... 5.000 ....

1.348 .... 3.475 ....

6.573 ....

8.546 ....

9.675 ....

5.834 ....

7.862 ....

Test your speech

Below you'll see 10 Frisian sentences. Try to record yourself and send these audio files to me at info@learnfrisian.com and I will give you feedback on your Frisian pronunciation.

1. Ik sil dy altyd helpe.
2. Wy moatte no fuort.
3. Jim sjogge in grutte fûgel.
4. No kinne wy tegearre wêze.
5. Ik kaam krekt thús.
6. Ynkoarten krije wy in nije hûn.
7. Hy is sûnt juster siik.
8. Jûn komt in freon fan my del.
9. Hy woe my doe net helpe.
10. Ik sjoch dy moarn.

Before you record yourself I advise you to listen to the online audio files first.

Introduction: Extra words in a sentence

This chapter is about little words that complete Frisian sentences, which you can't really translate to English. These words normally go under the name 'Modal Particles'. This chapter also teaches you something about sentence structure. The chapter has 3 lessons. Using the online audio files might help you out.

Extra words in a sentence Lesson 1

Hoi Frisian learner,

Take a good look at the words below and read the instructions carefully.

Mar	To make the sentence more polite, to support someone.
Efkes	A short time (just now), fast and simple action.
Wol	It is the opposite word of 'net/not', to make the sentence more positive.
Hear	To reassure, to sound more confident about the thing.
Gewoan	The easiest and simplest option, or just.
Dochs	To sound angry, or 'right'(a confirmation at the end of the sentence).
Ris	One time, once, to make the sentence more polite.

How to use these words?

Doch my mar in bierke! (It makes this sentence more polite, instead of commanding)
Give me a beer! (Lit.)

Kinstû my efkes helpe?   (Fast and simple action)
Can you help me?
Can you help me for a moment? (The difference)

Hy kin hjoed wol wurkje.   (The sentence is much more positive now)
He can work today.

Ja hear, dat is bêst.   (You're reassuring right now)
Yes, that's fine.

Wy binne gewoan freonen.   (In case the word means 'just')
We are just friends.

Hy wie net thús, dochs?   (In this case you're asking for a confirmation)
He wasn't home, was he?

Kom ris hjirre.   (It makes this sentence more polite, instead of commanding)
Come here.

Complete all the sentences below by using all the words on the previous page.
The right answers are on page 268.

Kom der mar .... by.
Come join us.

It komt .... goed.
It's going to be okay.

Dû moatst hjir .... wêze.
You just have to be here.

Sjoch .... ! In reinbôge.
Look! A rainbow.

Dat kin .... net.
That is not possible.

It docht .... in bytsje sear.
It only hurts a little.

Ik kom der oan ....
I am on my way.

Hy sil der .... nei sjen.
He is going to look into it.

It makket my net safolle út ....
I don't really care.

It kin ....
It can.

Hy wit it .... better.
He knows it better anyway.

Kinstû my .... oan sjen?
Can you look at me?

Ik leauw dat .... net.
I simply do not believe that.

Hy fynt it .... nuver.
He thinks it's weird.

Extra words in a sentence Lesson 2

Hoi Frisian learner,

Let's check whether you developed a feeling for these 'modal particles', because there are no English translations this time.

Mar   To make the sentence more polite, to support someone.
Efkes   A short time (just now), fast and simple action.
Wol   It is the opposite word of 'net/not', to make the sentence more positive.
Hear   To reassure, to sound more confident about the thing.
Gewoan The easiest and simplest option, or just.
Dochs   To sound angry, or 'right'(a confirmation at the end of the sentence).
Ris   One time, once, to make the sentence more polite.

Complete all the sentences below by using all the words above twice.
The right answers are on page 268.

Kinstû my .... **oan sjen?**

It docht .... **in bytsje sear.**

It makket my net safolle út ....

It komt .... **goed.**

Hy fynt it .... **nuver.**

Dat kin .... **net.**

It kin ....

Dû moatst hjir .... **wêze.**

Hy wit it .... **better.**

Kom der mar .... **by.**

Ik kom der oan ....

Ik leauw dat .... **net.**

Hy sil der .... **nei sjen.**

Sjoch .... **! In reinbôge.**

Extra words in a sentence Lesson 3

Hoi Frisian learner,

Can you fill in the gaps without looking at the words and the English translations? The right answers are on page 268.

Kom der mar .... **by.**

Hy wit it .... **better.**

Hy fynt it .... **nuver.**

Dat kin .... **net.**

It docht .... **in bytsje sear.**

It makket my net safolle út ......

Ik leauw dat .... **net.**

Sjoch .... **! In reinbôge.**

Kinstû my .... **oan sjen?**

Dû moatst hjir .... **wêze.**

It komt .... **goed.**

It kin ....

Hy sil der .... **nei sjen.**

Ik kom der oan ....

Match the words!

Reinbôge, Fynt, Makket, Leauw

Makes	....	**Rainbow**	....
Believe	....	**Finds**	....

Extra words in a sentence Lesson 3

Test your speech

Below you'll see 10 Frisian sentences. Try to record yourself and send these audio files to me at info@learnfrisian.com and I will give you feedback on your Frisian pronunciation.

1. Ik hold har hân fêst.
2. Dû joechst it antwurd.
3. Dat is krekt wat sy tocht.
4. Jo woene gjin antwurd jaan.
5. Dû koest my warskôgje.
6. Sy hiene it ferline wike al dien.
7. Ik wie juster in bytsje siik.
8. It gie net sa goed.
9. Hy die it foar ús.
10. Seagen wy dy by de brêge?

Before you record yourself I advise you to listen to the online audio files first.

Introduction: How to tell time in Frisian

Telling time in Frisian is different from telling time in English, but still doable! In Frisian you don't need to work with AM or PM.

Before you start you should be able to count to 12 of course. In case you forgot, here's is a list of numbers you need for these lessons.

Ien	One	Sân	Seven
Twa	Two	Acht	Eight
Trije	Three	Njoggen	Nine
Fjouwer	Four	Tsien	Ten
Fiif	Five	Âlve	Eleven
Seis	Six	Tolve	Twelve

How to tell time in Frisian Lesson 1

Hoi Frisian learner,

Telling time in Frisian is easy, but you still need to be careful. The instructions:

Use the word and example below to complete the lesson.

Oere   O'clock/Hour

Example: trije oere

This lesson is easy, the others will be harder. The right answers are on page 268.

Hoe let moatstû nei de dokter?
What time do you need to go to the doctor?
12:00

…….. ……..

Hoe let moat hy nei de toskedokter?
What time does he have to go to the dentist?
16:00 | 4:00 PM

…….. ……..

Hoe let is it no?
What time is it now?
10:00
It is …….. ……..

Hoe let wolstû fuort?
What time do you want to leave?
13:00 | 1:00 PM

…….. ……..

Hoe let bistû by my?
What time are you going to be here?
19:00 | 7:00 AM

…….. ……..

Hoe let moat sy nei it sikehûs?
What time does she need to go to the hospital?
14:00 | 2:00 PM

…….. ……..

Hoe let kaam hy juster del?
What time did he come over yesterday?
20:00 | 8:00 AM

…….. ……..

Match the words!

Let, Sikehûs, Dokter, Wolstû, Moatstû, Toskedokter

Doctor	………………	Dentist	………………
Late	………………	Hospital	………………
You want	………………	You must	………………

How to tell time in Frisian Lesson 2

Hoi Frisian learner,

Telling time in Frisian is easy, but you still need to be careful. Use the word, information and example below to complete the lesson.

When it's not a full hour, you need to add **+en** or **+n** at the end of the hour number.

Example: Sân oere -> Healwei sân**en**   (18:30 | 6:30 AM)
It is halfway seven (lit.)

Healwei   Half(way)

The right answers are on page 269.

Hoe let moatstû nei de dokter?
What time do you need to go to the doctor?
11:30

……… ………

Hoe let bistû by my?
What time are you going to be here?
18:30 | 6:30 AM

……… ………

Hoe let moat hy nei de toskedokter?
What time does he have to go to the dentist?
15:30 | 3:30 PM

……… ………

Hoe let moat sy nei it sikehûs?
What time does she need to go to the hospital?
14:30 | 2:30 PM

……… ………

Hoe let is it no?
What time is it now?
9:30
It is ……… ………

Hoe let kaam hy juster del?
What time did he come over yesterday?
19:30 | 7:30 AM

……… ………

Hoe let wolstû fuort?
What time do you want to leave?
12:30 | 0:30 PM

……… ………

How to tell time in Frisian Lesson 3

Hoi Frisian learner,

Telling time in Frisian is easy, but you still need to be careful. The instructions:

Use the words below and the knowledge from the last two lessons to complete this lesson. The right answers are on page 269.

Oer	After/Past (Over)
Kertier (15 min)	Quarter
Foar	To/Of (For)

Hoe let moatstû nei de dokter?
What time do you need to go to the doctor?
11:45
.... tolven.

Hoe let bistû by my?
What time are you going to be here?
19:15 | 7:15 AM
.... sânen.

Hoe let moat hy nei de toskedokter?
What time does he have to go to the dentist?
16:15 | 4:15 PM
.... fjouweren.

Hoe let moat sy nei it sikehûs?
What time does she need to go to the hospital?
13:45 | 1:45 PM
.... twaen.

Hoe let is it no?
What time is it now?
10:15
It is .... tsienen.

Hoe let kaam hy juster del?
What time did he come over yesterday?
20:15 | 8:15 AM
.... achten.

Hoe let wolstû fuort?
What time do you want to leave?
13:15 | 1:15 PM
.... ienen.

How to tell time in Frisian Lesson 4

Hoi Frisian learner,

Use the knowledge from the last lessons. The only difference now is that you're not working with quarters anymore. An example: **Sân oer ienen** (13:07 | 1:07)
The right answers are on page 269.

Healwei Half(way)

Oer After/Past (Over)

Foar To/Of (For)

Hoe let moatstû nei de dokter?
What time do you need to go to the doctor?
12:05 | 0:05 PM
.... tolven.

Hoe let bistû by my?
What time are you going to be here?
18:50 | 6:50 AM
.... sânen.

Hoe let moat hy nei de toskedokter?
What time does he have to go to the dentist?
15:53 | 3:53 PM
.... fjouweren.

Hoe let moat sy nei it sikehûs?
What time does she need to go to the hospital?
13:56 | 1:56 PM
.... twaen.

Hoe let is it no?
What time is it now?
9:35
It is .... njoggenen.

Hoe let kaam hy juster del?
What time did he come over yesterday?
19:25 | 7:25 AM
.... achten.

Hoe let wolstû fuort?
What time do you want to leave?
12:57 | 0:57 PM
.... ienen.

How to tell time in Frisian Lesson 5

Hoi Frisian learner,

Use all the knowledge you gained from the previous lessons by writing down the time in Frisian. The right answers are on page 270.

Oer After/Past (Over) **Foar** To/Of (For)
Healwei Half(way) **Oere** Hour/O'clock

19:00 | 7:00 AM
....

20:15 | 8:15 AM
.... achten.

14:00 | 2:00 PM
....

11:30
....

10:00
....

11:45
.... tolven.

12:05 | 0:05 PM
.... tolven.

16:15 | 4:15 PM
.... fjouweren.

16:00 | 4:00 PM
....

9:30
....

13:00 | 1:00 PM
....

13:45 | 1:45 PM
.... twaen.

15:53 | 3:53 PM
.... fjouweren.

13:15 | 1:15 PM
.... ienen.

20:00 | 8:00 AM
....

18:30 | 6:30 AM
....

12:00
....

19:30 | 7:30 AM
....

13:56 | 1:56 PM
.... twaen.

15:30 | 3:30 PM
.... oere ....

12:57 | 0:57 PM
.... ienen

19:15 | 7:15 AM
.... sânen.

18:50 | 6:50 AM
.... sânen.

10:15
.... tsienen.

14:30 | 2:30 PM
....

12:30 | 0:30 PM
....

19:25 | 7:25 AM
.... achten.

Test your speech

Below you'll see 10 Frisian sentences. Try to record yourself and send these audio files to me at info@learnfrisian.com and I will give you feedback on your Frisian pronunciation.

1. Wêr bistû hinne gien?
2. Hy hat it juster oan him jûn
3. Wêr sil it wêze?
4. Ik haw gjin pine hân.
5. Hastû it oan my jûn?
6. Sy is hjir al west.
7. Wêrom hawwe wy neat krigen?
8. Wy hawwe it wurk dien.
9. Sy hat der oan tocht.
10. Ik kin foar mysels soargje.

Before you record yourself I advise you to listen to the online audio files first.

Introduction: Find the mistake(s)

To fully understand a language you have to understand its spelling. Each language has a spelling, so even when you hear a word you have never heard before, you can guess how to write the word when you understand the language's rules. In this chapter there are 3 lessons with words and sentences that are written wrong. Use the Frisian knowledge you've gained so far to recognize the mistakes and fix them. Also, if needed, you can check the spelling of the Frisian words at www.frisianwordbook.com

Find the mistake(s) Lesson 1

Hoi Frisian learner,

This lesson has some words you've stumbled across in this book. The way they're written below is wrong. Can you fix them? The right answers are on page 270.

Tiesdei (Tuesday)   **Stûl** (Chair)   **Snii** (Snow)   **Muore** (Wall)

....

Lûsterje (Listen)   **Hyr** (Hair)   **Berchen** (Mountains) **Yte** (Eat)

....

Wien (Car, Wagon)   **Weter** (Water)   **Fruon** (Friend)   **Door** (Door)

....

Kaay (Key)   **Tuor** (Toer)   **Lyket** (Looks like)   **Zoarge** (Cared)

....

Skiip (Sheep)   **Ipen** (Open)   **Skriewer** (Writer)   **Bliet** (Happy)

....

Jyld (Money)   **Skoale** (School)   **Merket** (Market)   **Hoen** (Dog)

....

Skoegen (Shoes)   **Kowen** (Cows)   **Moan** (Tomorrow)   **Disse** (This one)

....

Berocht (Message)   **Zyn** (His)

....

Find the mistake(s) Lesson 2

Hoi Frisian learner,

Let's try it with sentences now, okay? The mistake can also be the position of the verbs. Tink derom! The right answers are on page 271.

I have thirty sheep in the meadow.
Ik haw trytich skiip yn it lan.

……… ……… ……… ……… ………

Where are the gray stones?
Wer lisse de griize stienen?

……… ……… ……… ………?

Do you need this chair?
Hastû disse stûl nedig?

……… ……… ……… ………?

Can you show me?
Kist it my lite sjen?

……… ……… ……… ………?

I feel happy today.
Ik fiil my hoed blied.

……… ……… ……… ……… ………

How many languages do you speak?
Hoe fole taalen sprekstû?

……… ……… ……… ………?

We cook food for the family.
Wy ziede ieten voar de famylje.

……… ……… ……… ……… ………

Are these shoes yours?
Bine disse skoegen fan dy?

……… ……… ……… ………?

The fire burns really long
De fjûr brant hiel lang.

....

My life lasts long.
Myn liben duoret lang.

....

The cows walk on green fields.
De kowen rinne op grien fjilds.

....

It feels weird to be back.
It fylt nufer om wer wêrom te wezen.

....

My back hurts.
Myn rech dogt my zear.

....

He protects me against danger.
Hy beskermje my tsjin gevaar.

....

The mountains seem bigger when it's dark.
De berchen likje gruter as it tsuster is.

....

The farmer has eight horses.
De boer hawwe acht hynderen.

....

Find the mistake(s) Lesson 3

Hoi Frisian learner,

More sentences. Watch out, some words might be completely wrong.
The right answers are on page 272.

Tomorrow it will rain.
Moorn zil it raine.

....

I am touching you with my finger.
Ik rijtsje dy oon mei myn vinger.

....

My son is seven years old.
My soan is soan ier ald.

....

Shut the door.
Dog it door mar tigt.

....

I don't understand it well.
Ik ferstien it net good.

....

Why did you do that?
Werom hastû dat diin?

....?

I love to write.
Ik haldt fan skriewe.

....

Today the sun shines.
Hoed skient de sine.

....

She needs money for school.
Sie had jield nedig for skoale.

....

Can you hear me?
Kinstû mie heare?

....?

We walk through the woods.
Wy rine toch it wald.

....

The children play outside with toys.
De bernen boatsje boeten mei boatersgood.

....

My dog is happy for me.
Myn hoen is blied for my.

....

Do you have time for me?
Hastû tied for mie?

....?

Here you need to turn right.
Hier matst nij rochts geen.

....

I think it's very important for you.
Ik fien it hiil wigtich for dy.

....

Test your speech

Below you'll see 10 Frisian sentences. Try to record yourself and send these audio files to me at info@learnfrisian.com and I will give you feedback on your Frisian pronunciation.

1. Hy lit de doar iepen.
2. Wy litte dy rêste.
3. Lit my derút!
4. Dû meist my net oanreitsje.
5. Wy meie net bûten komme.
6. Ik sil nei hûs ride.
7. Sy wolle it net leauwe.
8. Dû kinst it wol.
9. Sy moatte sliepe.
10. Wy sille in nij hûs keapje.

Before you record yourself I advise you to listen to the online audio files first.

Introduction: Assignments

On the following pages you will see some assignments to put your Frisian to practice. I advise you to do these assignments in a word document. After a double check you can send it to info@learnfrisian.com for feedback.

Dysels foarstelle

Hoi Frisian learner,

Have you ever tried to introduce yourself in Frisian? Well, here is your chance.

This is your assignment: Introduce yourself in Frisian.

Act like you're introducing yourself to me. Use the following points to write a 'letter' to me:

- What's your name?

- Where are you from?

- Where do you live?

- How old are you?

- What do you do for a living? Do you work or do you study? Maybe both?

- What do you like to do in your spare time?

- Why do you want to learn Frisian?

- Use at least 150 words.

- Everything needs to be in Frisian.

Send the assignment to info@learnfrisian.com for feedback.

(Wichtich: You don't need to share real information if you don't want to. Just make something up then.)

Hoe is it no?

Hoi Frisian learner,

Have you ever written a letter to a friend you never had? Here is your chance!

Your assignment: Send a letter to your friend on the other side of the world.

Use the following points to make a letter in Frisian:

- Your friend's name is Sytske, and she only speaks Frisian.

- You received a letter from her and she asked you how you were.

- She was in the hospital due to an accident.

- Your best friend is getting married.

- You are going to move to another country.

- Your birthday is next month and you want her to come see you.

- Use at least 200 words for this letter.

- No need for address information.

Send the assignment to info@learnfrisian.com for feedback.

Buorman

Hoi Frisian learner,

Have you ever been angry at a neighbor you never had? Well, in this case you are!

Your assignment: Write a letter for your old annoying buorman.

Important:

– You don't want to insult him, because he's a nice old man.

– He needs to know who you are.

– The man has birds that make a lot of noise and smell bad.

– Because of his birds you have a lot of feathers in your garden.

– You don't like the smoke that's coming from his chimney. It hurts your eyes.

– You want to ask him if he can mow his lawn in the afternoon instead of early in the morning.

– You heard that his wife was sick.

– Use at least 150 words.

Send the assignment to info@learnfrisian.com for feedback.

Mear Frysk!

Hoi Frisian learner,

Your township wants to get rid of the Frisian language, because they think that Frisian is unnecessary.

Your assignment: Convince your township that they need to promote Frisian instead of getting rid of it.

Important:

– Come up with good reasons why it's a bad idea to get rid of Frisian.

– Come up with good reasons why it's a good thing to have Frisian.

– What are the benefits of having Frisian around?

– Maybe present a plan to promote Frisian? (Not required)

– Use at least 150 words.

Send the assignment to info@learnfrisian.com for feedback.

Folderke oer in lân

Hoi Frisian learner,

The assignment: Write a brochure about a country of your choice.

Let's say you work at a tourist office. Your boss tells you need to make a brochure about a country in Frisian.

Important:

- Choose a country, maybe your favorite country or a country you would like to go to?

- Introduce the country.

- Tell me why I should go there.

- Tell me the good things about the country.

- Tell me something about how much things cost or culture.

- Tell me something I need to watch out for.

- Do it in Frisian and use at least 150 words.

Send the assignment to info@learnfrisian.com for feedback.

(Note: you're allowed to make things up. The assignment is all about using Frisian.)

Dyn miening oer it klimaat

Hoi Frisian learner,

Almost everybody has an opinion if it comes to climate change. So, what's yours?

The assignment: Write down your opinion about climate change.

Important:

- What's climate change in your opinion?

- Do you think it's a problem?

- Why do you think it's real or why don't you think it's real?

- What needs to be done or what shouldn't be done?

- What would be a solution?

- Use at least 100 words.

Send the assignment to info@learnfrisian.com for feedback.

(Note: you're allowed to write about someone else's opinion.)

Nijsberjocht

Hoi Frisian learner,

You're a reporter for a newspaper. An accident (of your choice) happened.

The assignment: Write a news article.

Important:

- Use a nice catchy title.

- What happened?

- Where did it happen?

- What time did it happen?

- Was anyone wounded or even worse? Was there any damage?

- Use at least 150 words.

Send the assignment to info@learnfrisian.com for feedback.

Keapje?

Hoi Frisian learner,

You're working in a store and you're specialized in one product (of your choice).

The assignment: Sell this product to me.

Important:

- What is it?

- What does it do?

- What's the price?

- Why do I need it?

- Why would I buy it at your store?

- Why is your product better than the other ones?

- Use at least 100 words.

Send the assignment to info@learnfrisian.com for feedback.

Dyn miening oer God

Hoi Frisian learner,

Some folks believe in God and others don't.

The assignment: Tell me about how you feel about God.

Important:

– Do you believe in God or not?

– What does God mean to you?

– What does the bible mean to you?

– Why do you think people believe in God?

– Why do you think people don't believe in God?

– Use at least 100 words.

Send the assignment to info@learnfrisian.com for feedback.

(Note: you are also allowed to write someone else's opinion.)

What is it?

Can you guess the Frisian words? You are allowed to use online resources, like www.frisianwordbook.com. The right answers are on page 272.

The word starts with a 'f'.　　The word starts with a 'k'.　　The word starts with a 'k'.　　The word starts with a 'b'.

....　　..................　　..................　　..................

The word starts with a 'b'.　　The word starts with a 't'.　　The word starts with a 'g'.　　The word starts with a 's'.

....　　..................　　..................　　..................

Test your speech

Below you'll see 10 Frisian sentences. Try to record yourself and send these audio files to me at info@learnfrisian.com and I will give you feedback on your Frisian pronunciation.

1. Wa bistû?
2. Wêrom kin it net?
3. Wêr binne wy?
4. Wêrom bistû lilk?
5. Hoe folle moatte wy betelje?
6. Wat is dyn nûmer?
7. Hokker wike hastû frij?
8. Wa komt hjir wei?
9. Hokker dei is it hjoed?
10. Hokker nimstû?

Before you record yourself I advise you to listen to the online audio files first.

ANSWERS

From this point on you will get to see all the answers from all the lessons you saw in this book. A little side note: in some cases you might have filled in an answer that I wasn't looking for, but the answer might still be right. They're shown like this example: '**and/the/my**'. The first word is always the word I was looking for.

Frisian Pronouns Lesson 1

Dû/Do bist fuort gien.
Sy lêze tegearre in boek.
Wy fine it in goed plan.
Jim moatte harkje.
Hy wol it net.
Ik woe sliepe.
Sy meie wol oer dy.

Ik wol nei hûs.
Hy is grutsk.
Sy is in leaf famke.
Dû/Do meist hjir net komme.
Wy hâlde net fan fleis.
Sy jout om dy.
Jim kinne my net tsjinhâlde.

Frisian Pronouns Lesson 2

Hy wol it net.
Wy hâlde net fan fleis.
Sy meie wol oer dy.
Dû/Do bist fuort gien.
Wy fine it in goed plan.
Ik woe sliepe.
Dû/Do meist hjir net komme.

Sy is in leaf famke.
Sy jout om dy.
Sy lêze tegearre in boek.
Hy is grutsk.
Jim kinne my net tsjinhâlde.
Ik wol nei hûs.
Jim moatte harkje.

Frisian Pronouns Lesson 3

Jim/Jo moatte harkje.
Sy/Wy meie wol oer dy.
Wy/Sy/Jim hâlde net fan fleis.
Dû/Do meist hjir net komme.
Ik/Hy/Sy woe sliepe.
Hy/Sy is grutsk.
Sy/Wy lêze tegearre in boek.

Sy/Hy jout om dy.
Sy is in leaf famke.
Dû/Do bist fuort gien.
Wy/Sy/Jo/Jim fine it in goed plan.
Ik/Hy/Sy wol it net.
Ik/Hy/Sy wol nei hûs.
Jim/Sy kinne my net tsjinhâlde.

Go home	Nei hûs	Proud	Grutsk
Read	Lêze	Away	Fuort
Sweet	Leaf	Stop	Tsjinhâlde
Listen	Harkje	Sleep	Sliep
Together	Tegearre	Meat	Fleis
Girl	Famke	Plan	Plan

Frisian Pronouns Lesson 4

Sy is in leaf famke.
Dû/Do meist hjir net komme
Hy is grutsk.
Sy lêze tegearre in boek.
Hy wol it net.
Wy hâlde net fan fleis.
Jim kinne my net tsjinhâlde.

Sy jout om dy.
Ik woe sliepe.
Dû/Do bist fuort gien.
Jim moatte harkje.
Ik wol nei hûs.
Wy fine it in goed plan.
Sy meie wol oer dy.

Frisian Pronouns Lesson 5

Jo krije iten fan ús.
Dyn âlders binne goede minsken.
Komt it fan him?
Dyn skonk docht sear.
Jo moatte it leauwe.

Lis it my út.
Fielst dy goed?
Wy harkje nei dy.
Ik ken him net.
Dû bist fan my.

Frisian Pronouns Lesson 6

Dyn skonk docht sear.
Dyn âlders binne goede minsken.
Komt it fan him?
Ik ken him net.
Jo/Jim moatte it leauwe.

Come	Komt
From	Fan
Parents	Âlders
Food	Iten
Leg	Skonk
Good	Goed

Lis it my út.
Wy harkje nei dy.
Jo/Jim krije iten fan ús.
Dû bist fan my.
Fielst dy goed?

Believe	Leauwe
To	Nei
Fielst	Feel
Know	Ken
Listen	Harkje
Minsken	People

Frisian Pronouns Lesson 7

Dyn skonk docht sear.
Fielst dy goed?
Dû bist fan my.
Jo/Jim moatte it leauwe.
Dyn âlders binne goede minsken.

Lis it my út.
Wy harkje nei dy.
Ik ken him net.
Jo/Jim krije iten fan ús.
Komt it fan him?

Frisian Pronouns Lesson 8

Dyn âlders binne goede minsken.
Lis it my út.
Dû/Do bist fan my.
Wy harkje nei dy.
Komt it fan him?

Ik ken him net.
Dyn skonk docht sear.
Jo/Jim moatte it leauwe.
Jo/Jim krije iten fan ús.
Fielst dy goed?

Frisian Pronouns Lesson 9

Sy sprekke harren taal.
Is dat har namme?
Myn freon hat hûnger.
Sy hawwe harren kar makke.
Myn keamer is skjin.

Syn mem is leaf.
Kin sy ús ferstean?
Sy kin ús better helpe.
Syn gesicht liket lilk.
Ik kin har helpe.

Frisian Pronouns Lesson 10

Sy kin ús better helpe.
Is dat har namme?
Syn gesicht liket lilk.
Myn freon hat hûnger.
Sy hawwe harren kar makke.

Kin sy ús ferstean?
Syn mem is leaf.
Sy sprekke harren taal.
Myn keamer is skjin.
Ik kin har helpe.

Frisian Pronouns Lesson 11

Syn/Dyn/Myn/Har/Ús mem is leaf.
Ik kin har/him/dy helpe.
Sy hawwe harren kar makke.
Myn/Dyn/Har/Ús/Syn keamer is skjin.
Myn/Dyn/Syn/Har freon hat hûnger.

Understand	Ferstean
Sweet	Leaf
Speak	Sprekke
Language	Taal
Hungry	Hûnger
Face	Gesicht

Syn/Myn/Dyn/Har gesicht liket lilk.
Sy sprekke harren/myn/dyn/syn/har taal.
Is dat har/syn/dyn/myn namme?
Kin sy ús/dy ferstean?
Sy kin ús/dy/my/him/har better helpe.

Made	Makke
Looks	Liket
Room	Keamer
Clean	Skjin
Choice	Kar
Angry	Lilk

Frisian Pronouns Lesson 12

Sy hawwe harren kar makke.
Ik kin har helpe.
Is dat har namme?
Syn gesicht liket lilk.
Myn freon hat hûnger.

Syn mem is leaf.
Sy sprekke harren taal.
Kin sy ús ferstean?
Myn keamer is skjin.
Sy kin ús better helpe.

Lesson 1: Krij/Get

Jim krije neat fan ús.
Sy krije it foar elkoar.
Krijt sy in idee?
Jo krije in kado.
Sy krijt jild fan de âlde man.
Krije jim wolris rûzje?
Wy krije ynformaasje fan dy.

Dû krijst it net dien.
Ik krij in nuver gefoel.
Wy krije in bern.
Jo krije moarn mear.
Ik krij in bytsje hûnger.
Sy krije net genôch.
Dû krijst ien kâns.

Lesson 2: Krij/Get

Sy krijt jild fan de âlde man.
Krije jim wolris rûzje?
Dû krijst ien kâns.
Sy krije net genôch.
Ik krij in nuver gefoel.
Dû krijst it net dien.
Jim krije neat fan ús.

Jo krije in kado.
Ik krij in bytsje hûnger.
Krijt sy in idee?
Sy krije it foar elkoar.
Wy krije ynformaasje fan dy.
Jo krije moarn mear.
Wy krije in bern.

Lesson 3: Krij/Get

Krijt/Krije sy in idee?
Wy krije ynformaasje fan dy.
Wy krije in bern.
Jim krije neat fan ús.
Sy krijt/krije jild fan de âlde man.
Krije jim wolris rûzje?
Sy krije/krijt net genôch.

Idea	Idee
Feeling	Gefoel
Done	Dien
Weird	Nuver
Gift	Kado
Each other	Elkoar

Ik krij in bytsje hûnger.
Ik krij in nuver gefoel.
Jo krije moarn mear.
Dû krijst it net dien.
Jo krije in kado.
Sy krije/krijt it foar elkoar.
Dû krijst ien kâns.

Money	Jild
Information	Ynformaasje
An argument	Rûzje
More	Mear
Tomorrow	Moarn
Enough	Genôch

Lesson 4: Krij/Get
Sy krijt jild fan de âlde man.
Sy krije net genôch.
Ik krij in bytsje hûnger.
Krijt sy in idee?
Dû krijst it net dien.
Jim krije neat fan ús.
Ik krij in nuver gefoel.

Wy krije ynformaasje fan dy.
Dû krijst ien kans.
Krije jim wolris hûnger?
Jo krije in kado/geskink.
Jo krije moarn mear.
Wy krije in bern.
Sy krije it foar elkoar.

Lesson 1: Jou/Give
Wy jouwe dy in nije wein.
Sy jouwe in protte om dy.
Ik jou dy in kâns.
Jo jouwe net safolle om my.
It jout my fertrouwen.
Sy jouwe net om jild.
Jou ik dy hoop?

Jim jouwe my in goed gefoel.
It jout hielendal neat.
Dû joust my dyn nûmer.
Jim jouwe ús hoop.
Wy jouwe om dyn sûnens.
Dû joust it net op.

Lesson 2: Jou/Give
Wy jouwe dy in nije wein.
Sy jouwe net om jild.
Wy jouwe om dyn sûnens.
It jout hielendal neat.
Jim jouwe my in goed gefoel.
Dû joust my dyn nûmer.
Sy jouwe in protte om dy.

Jim jouwe ús hoop.
Jo jouwe net safolle om my.
Dû joust it net op.
Ik jou dy in kâns.
Jou ik dy hoop?
It jout my fertrouwen.

Lesson 3: Jou/Give
Sy jouwe/jout net om jild.
Dû joust it net op.
Sy jouwe/jout in protte om dy.
Jo jouwe net safolle om my.
It jout hielendal neat.
Jim jouwe ús hoop.
Wy jouwe dy in nije wein.

Jou ik dy hoop?
It jout my fertrouwen.
Wy jouwe om dyn sûnens.
Ik jou dy in kâns.
Jim jouwe my in goed gefoel.
Dû joust my dyn nûmer.

Number	Nûmer
Car	Wein
Feeling	Gefoel
Chance	Kâns
New	Nije
Health	Sûnens
Hope	Hoop
Money	Jild
Confidence	Selsfertrouwen
So much	Safolle

Lesson 4: Jou/Give
Wy jouwe dy in nije wein.
Sy jouwe net om jild.
Dû joust my dyn nûmer.
Jo jouwe net safolle om my.
Dû joust it net op.
Jim jouwe ús hoop.
It jout my fertrouwen.
Jou ik dy hoop?
Wy jouwe om dyn sûnens.
Sy jouwe in protte om dy.
Ik jou dy in kâns.
Jim jouwe my in goed gefoel.
It jout hielendal neat.

Lesson 1: Bin/Are
It is goed nijs.
Ik bin siik.
Sy is ûnderweis.
Binne jim fluch genôch?
Binne jo lokkich?
Bin ik goed genôch?
Binne sy bang?

Binne wy hast dêr?
Dû bist oarser.
Jo binne tûk.
Dû bist flugger as my.
It is hyt hjirre.
Binne jim beide bûten yn de rein?
Wy binne sa bliid mei dy.

Lesson 2: Bin/Are
It is goed nijs.
Dû bist flugger as my.
Binne jim beide bûten yn de rein?
Bin ik goed genôch?
Binne jo lokkich?
Wy binne sa bliid mei dy.
Binne jim fluch genôch?

Ik bin siik.
Binne wy hast dêr?
It is hyt hjirre.
Dû bist oarser.
Sy binne ûnderweis.
Jo binne tûk.
Binne sy bang?

Lesson 3: Bin/Are
It is goed nijs.
Binne jim fluch genôch?
Bin ik goed genôch?
Dû bist flugger as my.
Sy binne/is ûnderweis.
Binne jo lokkich?
Binne wy hast dêr?

Smart	Tûk	Hot	Hyt
News	Nijs	Happy	Lokkich
Fast	Fluch	Outside	Bûten
On the way	Ûnderweis	Scared	Bang
Different	Oarser	Both	Beide
Rain	Rein	Afraid	Angry

Dû bist oarser.
Binne/Is sy bang?
It is hyt hjirre.
Ik bin siik.
Wy binne sa bliid mei dy.
Binne jim beide bûten yn de rein?
Jo binne tûk.

Lesson 4: Bin/Are
Ik bin siik.
Dû bist flugger as my.
Binne jim fluch genôch?
Wy binne sa bliid mei dy.
Dû bist oarser.
Bin ik goed genôch?
Binne jim beide bûten yn de rein?

Sy binne ûnderweis.
Binne wy hast dêr?
It is hyt hjirre.
Binne jo lokkich?
It is goed nijs.
Jo binne tûk.
Binne sy bang?

Lesson 1: Gean/Go
Hy giet nei hûs.
Geane jim jûn hinne?
It giet oan.
Sy geane my fertelle wêrom.
Sy geane troch it wâld hinne.
Geane wy it ek dwaan?
It giet net sa goed.
Sy giet net mear hinne.

Ik gean mysels foarstelle.
Wy geane nije wike hinne.
Geane jo ek hinne?
Dû giest it sizze.
Jo geane net mei ús mei.
Ik gean it net sizze.
Geane jim my helpe?
Dû giest mei my mei.

Lesson 2: Gean/Go
Wy geane nije wike hinne.
It giet oan.
Sy geane my fertelle wêrom.
Geane jim my helpe?
Ik gean mysels foarstelle.
Geane wy it ek dwaan?
Jo geane net mei ús mei.
Dû giest it sizze.
It giet net sa goed.
Hy giet nei hûs.
Geane jim jûn hinne?
Sy geane troch it wâld hinne.
Geane jo ek hinne?
Sy giet net mear hinne.
Ik geane it net sizze.
Dû giest mei my mei.

Lesson 3: Gean/Go
Dû giest it sizze.
Geane jo ek hinne?
Hy giet nei hûs.
Geane jim my helpe?
Wy geane nije wike hinne.
Sy geane/giet troch it wâld hinne.
Geane jim jûn hinne?
Dû giest mei my mei.
Jo geane net mei ús mei.
Ik gean mysels foarstelle.
Ik giet it net sizze.
Sy geane/giet my fertelle wêrom.
It giet net sa goed.
Geane wy it ek dwaan?
It giet oan.
Sy giet/geane net mear hinne.

New	Nije	Evening	Jûn
Introduce	Foarstelle	Say	Sizze
Week	Wike	Woods	Wâld
Say	Sizze	Through	Troch
To do	Dwaan	Tell (to)	Fertelle

Lesson 4: Gean/Go
Wy geane nije wike hinne.
Geane jim my helpe?
It giet net sa goed.
Sy giet net mear hinne.
Ik gean mysels foarstelle.
Sy geane my fertelle wêrom.
Ik gean it net sizze.
Dû giest mei my mei.
Geane jo ek hinne?
Sy geane troch it wâld/bosk hinne.
Hy giet nei hûs.
Jo geane net mei ús mei.
Geane wy it ek dwaan?
Dû giest it sizze.
It giet oan.
Geane jim ek hinne?

Lesson 1: Doch/Do
Ik doch hielendal neat.
It docht my tinken oan dy.
Jim dogge genôch foar ús.
Docht hy it foar ús?
Sy dogge der neat oan.
It docht net wat ik wol.
Docht sy alles goed?
Hy docht it better.
Dogge jim wolris eat ferkeard?
Sy docht leaf tsjin my.
Dogge jo it foar de earste kear?
Wy dogge dy net sear.
Dû dochst my sear.
Dû dochst in bytsje nuver.
Sy dogge it ferkeard.
Ik doch net mei.
Wy dogge it neffens my net goed.
Wat dogge jo der oan?

Lesson 2: Doch/Do
It docht net wat ik wol.
Dû dochst in bytsje nuver.
Wy dogge it neffens my net goed.
Dogge jim wolris eat ferkeard?
Sy dogge it ferkeard.
Ik doch hielendal neat.
Docht sy alles goed?
Wy dogge dy net sear.
Ik doch net mei.
Sy docht leaf tsjin my.
Jim dogge genôch foar ús.
Dogge jo it foar de earste kear?
Dû dochst my sear.
Wat dogge jo der oan?
Sy dogge der neat oan.
It docht my tinken oan dy.
Hy docht it better.
Docht hy it foar ús?

Lesson 3: Doch/Do

It docht my tinken oan dy.
Ik doch hielendal neat.
Hy docht it better.
Docht hy it foar ús?
Sy dogge/docht der neat oan.
It docht net wat ik wol.
Sy dogge/docht it ferkeard.
Docht/Dogge sy alles goed?
Wy dogge dy net sear.

Nothing	Neat
First	Foarste
Kind	Leaf
Sore	Sear
Not	Net

Dû dochst in bytsje nuver.
Dogge jo it foar de earste kear?
Ik doch net mei.
Dû dochst my sear.
Dogge jim wolris eat ferkeard?
Sy docht/dogge leaf tsjin my.
Wy dogge it neffens my net goed.
Jim dogge genôch foar ús.
Wat dogge jo der oan?

To me	Tsjin my
Wrong	Ferkeard
A bit	In bytsje
According	Neffens
Everything	Alles

Lesson 4: Doch/Do

Sy docht leaf tsjin my.
It docht wat ik wol.
Wat dogge jo der oan?
It docht my tinken oan dy.
Ik doch hielendal neat.
Dogge jo it foar de earste kear?
Wy dogge dy net sear.
Dogge jim wolris eat ferkeard?
Dû dochst my sear.

Sy dogge it ferkeard.
Hy docht it better.
Jim dogge genôch foar ús.
Dû dochst in bytsje nuver.
Wy dogge it neffens my net goed.
Docht sy alles goed?
Ik doch net mei.
Docht hy it foar ús?
Sy dogge der neat oan.

Lesson 1: Haw/Have

Sy hat it dien.
Ik haw in nije.
Hat hy it by him?
Hawwe jim it foar my dien?
Sy hawwe it beide sjoen.
Hy hat it dien.
Sy hat gjin lok.
Jo hawwe bern.

Dû hast genôch iten.
Sy hat de doar ticht dien.
Jo hawwe it sjoen.
Wy hawwe in protte lok.
Wy hawwe gjin iten.
Dû hast myn boek.
Ik haw nijs.
Sy hawwe net genôch.

Lesson 2: Haw/Have

Wy hawwe in protte lok.
Jo hawwe it sjoen.
Hy hat it dien.
Ik haw in nije.
Dû hast genôch iten.
Sy hat it dien.
Ik haw nijs.
Dû hast myn boek.

Sy hat gjin lok.
Hat hy it by him?
Wy hawwe gjin iten.
Sy hawwe it beide sjoen.
Hawwe jim it foar my dien?
Jo hawwe bern.
Sy hawwe net genôch.
Sy hat de doar ticht dien.

Lesson 3: Haw/Have

Sy hat/hawwe gjin lok.
Sy hawwe/hat it beide sjoen.
Jo hawwe bern.
Dû hast genôch iten.
Jo hawwe it sjoen.
Hawwe jim it foar my dien?
Hy hat it dien.
Hat hy it by him?

Seen	Sjoen
Door	Doar
Closed	Ticht
Enough	Genôch
Boek	Book
News	Nijs

Sy hawwe/hat net genôch.
Ik haw nijs.
Wy hawwe in protte lok.
Sy hat de doar ticht dien.
Sy hat/hawwe it dien.
Dû hast myn boek.
Ik haw in nije.
Wy hawwe gjin iten.

New	Nije
Together	Tegearre
Luck	Lok
None	Gjin
Both	Beide
Children	Bern

Lesson 4: Haw/Have

Wy hawwe in protte lok.
Sy hawwe it beide sjoen.
Hy hat it dien.
Jo hawwe it sjoen.
Ik haw nijs.
Dû hast genôch iten.
Wy hawwe gjin iten.
Ik haw in nije.

Sy hat gjin lok.
Sy hawwe net genôch.
Sy hat de doar ticht dien.
Dû hast myn boek.
Jo hawwe bern.
Hawwe jim it foar my dien?
Hat hy it by him?
Sy hat it dien.

Lesson 1: Sjoch/See

Wy sjogge dat it net goed giet.
Jim sjogge in grutte fûgel.
Ik sjoch mysels yn de spegel.
Jo sjogge it ferskil net.

Bird	Fûgel
Difference	Ferskil
Myself	Mysels

Dû sjochst my net.
Sy sjogge it tige goed.
Sy sjocht net wat sy docht.

Mirror	Spegel
Very	Tige
What	Wat

Lesson 2: Sjoch/See

Wy sjogge dat it net goed giet.
Jim sjogge in grutte fûgel.
Sy sjogge/sjocht it tige goed.
Sy sjocht/sjogge net wat sy docht.

Dû sjochst my net.
Jo sjogge it ferskil net.
Ik sjoch mysels yn de spegel.

Lesson 3: Sjoch/See

Ik sjoch mysels yn de spegel.
Jim sjogge in grutte fûgel.
Sy sjogge it tige goed.
Wy sjogge dat it net goed giet.

Jo sjogge it ferskil net.
Sy sjocht net wat sy docht.
Dû sjochst my net.

Lesson 1: Tink/Think
Wy tinke oan dy.
Jim tinke itselde.
Jo tinke dat jo wat fergetten binne.

Ever	Wolris
Back	Werom
What	Wat

Sy tinkt dat sy hiel wat is.
Ik tink dat ik it wol kin.
Dû tinkst dat ik it net kin.

The same	Itselde
Forgotten	Fergetten
That	Dat

Lesson 2: Tink/Think
Wy tinke oan dy.
Jim tinke itselde.
Jo tinke dat jo wat fergetten binne.

Sy tinkt dat sy hiel wat is.
Ik tink dat ik it wol kin.
Dû tinkst dat ik it net kin.

Lesson 3: Tink/Think
Jim tinke itselde.
Jo tinke dat jo wat fergetten binne.
Sy tinks dat sy hiel wat is.

Ik tink dat ik it wol kin.
Dû tinkst dat ik it net kin.
Wy tinke oan dy.

Lesson 1: Brûk/Use
Jo brûke in leppel.
Sy brûke myn skrift.
Ik brûk dyn tillefoan.

Understanding	Ferstân
Telephone	Tillefoan
Notebook	Skrift

Dû brûkst har wein.
Sy brûkt har ferstân net.
Jim brûke my.

Spoon	Leppel
Car	Wein
Not	Net

Lesson 2: Brûk/Use
Sy brûkt har ferstân net.
Jim brûke my.
Ik brûk dyn tillefoan.

Sy brûke/brûkt myn skrift.
Dû brûkst har wein.
Jo brûke in leppel.

Lesson 3: Brûk/Use
Jo brûke in leppel.
Sy brûke myn skrift.
Jim brûke my.

Sy brûkt har ferstân net.
Dû brûkst har wein.
Ik brûk dyn tillefoan.

Lesson 1: Hâld/Hold
Wy hâlde net fan keunst.
Sy hâlde allegear fan dy.
Dû hâldst net fan my.
Sy hâldt fan har mem.

Fixed	Fêst
Steering wheel	Stjoer
Dance (to)	Dûnsje
Of	Fan

Ik hâld dy fêst.
Jo hâlde it stjoer fêst.
Hâlde jim fan dûnsje?

Art	Keunst
All (of them)	Allegear
Mom	Mem
With	Mei

Lesson 2: Hâld/Hold
Sy hâldt fan har mem.
Wy hâlde net fan keunst.
Dû hâldst net fan my.
Jo hâlde it stjoer fêst.

Hâlde jim fan dûnsje?
Ik hâld dy fêst.
Sy hâlde allegear fan dy.

Lesson 3: Hâld/Hold
Sy hâlde allegear fan dy.
Wy hâlde net fan keunst.
Dû hâldst net fan my.
Jo hâlde it stjoer fêst.

Ik hâld dy fêst.
Hâlde jim fan dûnsje?
Sy hâldt fan har mem.

Question words Lesson 1
Wannear bistû wer thús?
Wat is foar dy wichtich?
Hoe sille wy it dwaan?
Wêrom kin it net?
Wêrom bistû sa betiid?

Wa bistû?
Wêr sille wy hinne gean?
Hokker dei is it hjoed?
Wêr moatte wy del?
Wat is dyn nûmer?

Shall	Sille
Important	Wichtich
Again	Wer
Home	Thús
Day	Dei
To do	Dwaan

Today	Hjoed
Number	Nûmer
Week	Wike
Free	Frij
Early	Betiid
To, Away	Hinne

Question words Lesson 2
Wêr binne wy?
Hokker nimstû?
Wêrom bistû lilk?
Wa tinkstû datstû bist?
Hokker wike hastû frij?
Wa komt hjir wei?

Wat giestû studearje?
Sûnt wannear joustû om my?
Hoe folle moatte wy betelje?
Sûnt wannear kinstû dat?
Hoe is dat mooglik?

Pay	Betelje
Study (to)	Studearje
You care	Joustû
Angry	Lilk
You think	Tinkstû

Since	Sûnt
Possible	Mooglik
Early	Betiid
That you	Datstû
Have you	Hastû

Question words Lesson 3
Wêr moatte wy del?
Wa tinkstû datstû bist?
Wêrom kin it net?
Hoe sille wy it dwaan?
Wêr binne wy?
Wêrom bistû lilk?
Wêr sille wy hinne gean?
Hokker nimstû?
Wat is dyn nûmer?
Hoe is dat mooglik?
Hokker dei is it hjoed?

Wa bistû?
Sûnt wannear joustû om my?
Hokker wike hastû frij?
Wat is foar dy wichtich?
Hoe folle moatte wy betelje?
Sûnt wannear kinstû dat?
Wa komt hjir wei?
Wêrom bistû sa betiid?
Wannear bistû wer thús?
Wat giestû studearje?

Question words Lesson 4
Wa tinkstû datstû bist?
Wat is foar dy wichtich?
Hoe sille wy it dwaan?
Wa bistû?
Wêr binne wy?
Hoe is dat mooglik?
Hokker nimstû?
Wa komt hjir wei?
Wat giestû studearje?
Sûnt wannear kinstû dat?
Wat is dyn nûmer?

Hokker wike hastû frij?
Wêrom bistû sa betiid?
Wêr moatte wy del?
Hoe folle moatte wy betelje?
Sûnt wannear joustû om my?
Hokker dei is it hjoed?
Wêrom bistû sa betiid?
Wêr sille wy hinne gean?
Wannear bistû wer thús?
Wêrom bistû lilk?

Question words Lesson 5

Hoe sille wy it dwaan?
Wêrom bistû sa betiid?
Hokker wike hastû frij?
Sûnt wannear joustû om my?
Wêr moatte wy del?
Wêrom bistû lilk?
Wat is dyn nûmer?
Hokker nimstû?
Wêr sille wy hinne gean?
Sûnt wannear kinstû dat?
Wannear bistû wer thús?

Hoe folle moatte wy betelje?
Wêr binne wy?
Wa tinkstû datstû bist?
Wat is foar dy wichtich?
Wa bistû?
Hokker dei is it hjoed?
Wat giestû studearje?
Wêrom kin it net?
Wa komt hjir wei?
Hoe is dat mooglik?

Adjectives Lesson 1

Moai	In moaie nacht.	Grien	De griene greide.
Dreech	It drege ferkear.	Read	De reade ierpels.
Min	It minne waar.	Kreas	Myn kreaze faam.
Wiet	De wiete snie.	Sterk	It sterke hynder.
Krêftich	De krêftige wyn.	Wichtich	De wichtige ôfpsraak.
Heech	De hege toer.	Nij	It nije hûs.
Frysk	De Fryske man.	Hiel	De hiele wike.
Lûd	De lûde rûmte.	Koart	De koarte neil.
Lyts	It lytse skerm.	Fol	De folle amer.
Âld	De âlde skuorre.	Kâld	De kâlde kuolkast.
Grut	In grutte tsjerke.		

A recap of the Frisian words

Snow	Snie	Potatoes	Ierpels
Church	Tsjerke	Nail	Neil
Girlfriend	Faam	Meadow	Greide
Weather	Waar	Barn	Skuorre
Bad	Min	Horse	Hynder
Name	Wike	Bucket	Amer
Night	Nacht	Tower	Toer
Fridge	Kuolkast	Space	Rûmte/Romte
Wind	Wyn	Screen	Skerm
Appointment	Ôfspraak	Traffic	Ferkear
Red	Read	Powerful	Krêftich
Important	Wichtich	High	Heech
Slow	Dreech	Cold	Kâld
Wet	Wiet	Loud	Lûd
Big	Grut	Lovely	Moai

Adjectives Lesson 2

Kreas	Myn kreaze faam.	Min	It minne waar.
Read	De reade ierpels.	Dreech	It drege ferkear.
Grien	De griene greide.	Wiet	De wiete snie.
Moai	In moaie nacht.	Krêftich	De krêftige wyn.
Grut	In grutte tsjerke.	Kâld	De kâlde kuolkast.
Heech	De hege toer.	Wichtich	De wichtige ôfspraak.
Sterk	It sterke hynder.	Âld	De âlde skuorre.
Fol	De folle amer.	Lûd	De lûde rûmte.
Lyts	It lytse skerm.	Hiel	De hiele wike.
Nij	It nije hûs.	Frysk	De Fryske man.
Koart	De koarte neil.		

Place & Direction Lesson 1

Hjir bin ik al west.
Ik wol graach earne hinne.
Ik kin nearne hinne.
Ik fiel my oeral thús.
Dêr wol ik graach hinne.

De sinne is oeral.
Dêr is dyn freon.
Nearne is it better.
Sille wy earne hinne?
Wy kinne hjir net bliuwe.

Place & Direction Lesson 2

De sinne is oeral.
Nearne is it better.
Hjir bin ik al west.
Dêr is dyn freon.
Sille wy earne hinne?

Ik wol graach earne hinne.
Dêr wol ik graach hinne.
Ik fiel my oeral thús.
Wy kinne hjir net bliuwe.
Ik kin nearne hinne.

Already	Al		Would like to	Graach
Friend	Freon		Feel	Fiel
Sun	Sinne		At home	Thús
Been	West		Shall	Sille
Stay	Bliuwe		To, Away	Hinne

Place & Direction Lesson 3

Njonken/Nêst/Neist my is in wei.
Hy sit efter dy.
Sjoch ris nei rjochts.
Eltsenien is nei lofts/links gien.
It is efter de doar.

Dû moatst hjir nei lofts.
Hoe fier bistû fuort?
Wy binne tige fier fuort.
Kin ik njonken/nêst/neist dy sitte?
Wy kinne net nei rjochts.

Place & Direction Lesson 4

Wy binne tige fier fuort.
Wy kinne net nei rjochts.
Eltsenien is nei lofts/links gien.
Sjoch ris nei rjochts.
Dû moatst hjir nei lofts/links.

Njonken/Nêst/Neist my is in wei.
Kin ik njonken/nêst/neist dy sitte?
Hy sit efter dy.
Hoe fier bistû fuort?
It is efter de doar.

To	Nei		Away	Fuort
Look	Sjoch		Door	Doar
Are you	Bistû		Very	Tige
Road	Wei		Sit (to)	Sitte
How	Hoe		Everyone	Eltsenien

Place & Direction Lesson 5

Boppe yn de loft.
Syn skuon wiene ûnder syn bêd.
Sy wol graach bûten bliuwe.
Boppe yn de toer.
Hy sit ûnder de treppe.
Somtiden winskje ik dat wy tebek/werom koene yn de tiid.
Bûten is it tige kâld.

Sille wy nei binnen?
It libben wie oarser hûndert jier tebek/werom.
Wy moatte werom/tebek gean.
Wolstû werom/tebek gean?
Binnen is it waarm.

Place & Direction Lesson 6

Boppe yn de toer.
Somtiden winskje ik dat wy tebek/werom koene yn de tiid.
Syn skuon wiene ûnder syn bêd.
Sille wy nei binnen?
Wy moatte werom/tebek gean.
It libben wie oarser hûndert jier tebek/werom.

Bûten is it tige kâld.
Wolstû werom/tebek gean?
Binnen is it waarm.
Hy sit ûnder de treppe.
Sy wol graach bûten bliuwe.
Boppe yn de loft.

Hundred	Hûndert	Sometimes	Somtiden
Sky	Loft	Stairs	Treppe
Wet	Wiet	Tower	Toer
Year	Jier	Wish	Winskje
Shoes	Skuon	Time	Tiid
Cold	Kâld	Different	Oarser

Opposite words Lesson 1

Grut	Lyts	Jonkje	Famke
Fet	Tin	Kreas	Ûnsjoch
Goed	Min	Koart	Lang
Wetter	Fjoer	Foar	Efter

Big	Small	Boy	Girl
Grut	Lyts	Jonkje	Famke
Good	Bad	Fat	Thin
Goed	Min	Fet	Tin
Water	Fire	For	Behind
Wetter	Fjoer	Foar	Efter
Pretty	Ugly	Long	Short
Kreas	Ûnsjoch	Lang	Koart

Opposite words Lesson 2

Ein	Begjin	Leech	Fol
Nea	Ea	In bytsje	In protte
Boppe	Ûnder	Nearne	Earne
Fijân	Leech	Freegje	Antwurdzje

End	Begin	Foe	Friend
Ein	Begjin	Fijân	Freon
Full	Empty	Ever	Never
Fol	Leech	Ea	Nea
Above	Under	Ask	Answer
Boppe	Ûnder	Freegje	Antwurdzje
A bit	A lot	Nowhere	Somewhere
In bytsje	In protte	Nearne	Earne

Opposite words Lesson 3

Ryk   Earm   Bern   Folwoeksen
Licht   Swier   Leech   Heech
Âld   Jong   Dom   Tûk
Siik   Sûn   Fierder   Werom

Old	Young	Heavy	Light
Âld	Jong	Swier	Licht

Poor	Rich	Healthy	Sick
Earm	Ryk	Sûn	Siik

Adult	Child	Back	Forth
Folwoeksen	Bern	Werom	Fierder

Smart	Dumb	High	Low
Tûk	Dom	Heech	Leech

Opposite words Lesson 4

Út   Oan   Sliepe   Wekker
Breed   Smel   Waarm   Kâld
Dêr   Hjir   Gûle   Laitsje
Tichtby   Fier   Nij   Âld

Broad	Narrow	Awake	Sleep
Breed	Smel	Wekker	Sliep(e)

On	Off	Here	There
Oan	Út	Hjir	Dêr

Far	Nearby	New	Old
Fier	Tichtby	Nij	Âld

Crying	Laughing	Warm	Cold
Gûle	Laitsje	Waarm	Kâld

Opposite words Lesson 5

Simmer   Winter   Hjerst   Maitiid
Allinnich   Tegearre   Rjochts   Lofts
Fluch   Dreech   Stil   Lûd
Nee   Ja   Sprekke   Harkje

Spring	Fall	Yes	No
Maitiid	Hjerst	Ja	Nee

Summer	Winter	Together	Alone
Simmer	Winter	Tegearre	Alinne/Allinnich

Fast	Slow	Loud	Still
Fluch	Dreech	Lûd	Stil

Left	Right	Speak	Listen
Lofts	Rjocht	Sprekke	Harkje/Lústerje

Lesson 1: Hold/Held
It hold net op.
Sy holden/hold fan djoere klean.
Wy holden it tried goed fêst

Ik hold har hân fêst.
Dû holdst fan my.
Sy hold/holden myn earm fêst.

Wire/Thread	Tried	Clothes	Klean
Arm	Earm	Hand	Hân
Expensive	Djoer	Fixed/Tightly	Fêst

Lesson 2: Hold/Held
It hold net op.
Sy holden/hold fan djoere klean.
Wy holden it tried goed fêst.

Ik hold har hân fêst.
Dû holdst fan my.
Sy holden myn earm fêst.

Lesson 3: Hold/Held
Sy hold myn earm fêst.
It hold net op.
Ik hold har hân fêst.

Sy holden fan djoere klean.
Dû holdst fan my.
Wy holden it tried goed fêst

Lesson 1: Joech/Gave
Jim joegen net safolle om ús.
Ik joegen har de skuld.
Joegen jo ús de skuld?
Hy joech ús in solúsje.

Wy joegen in protte om dy.
Sy joegen my in hân.
Dû joechst it antwurd.

Blame	Skuld	So much	Safolle
Hand	Hân	Answer	Antwurd
Solúsje	Solution	Not	Net

Lesson 2: Joech/Gave
Sy joech my in hân.
Joegen jo ús de skuld?
Jim joegen net safolle om ús.
Dû joechst it antwurd.

Ik joech har de skuld.
Hy joech ús in solúsje.
Wy joegen in protte om dy.

Lesson 3: Joech/Gave
Dû joechst it antwurd.
Jim joegen net safolle om ús.
Sy joegen my in hân.
Wy joegen in protte om dy.

Hy joech ús in solúsje.
Ik joech har de skuld.
Joegen jo ús de skuld?

Lesson 1: Tocht/Thought
Wy tochten der niis oan.
Dû tochst oan dysels.
Jim tochten oan in bettere tiid.
Jo tochten dat it foarby wie.

Sy tochten oan de takomst.
Ik tocht der juster oan.
Dat is krekt wat sy tocht.

Over	Foarby	Future	Takomst
Time	Tiid	Krekt	Exactly
Yourself	Dysels	Just now	Niis
Yesterday	Juster	Was	Wie

Lesson 2: Tocht/Thought
Dû tochst oan dysels.
Jim tochten oan in bettere tiid.
Ik tocht der juster oan.
Dat is krekt wat sy tocht.

Jo tochten dat it foarby wie.
Sy tochten oan de takomst.
Wy tochten der niis oan.

Lesson 3: Tocht/Thought
Sy tochten oan de takomst.
Dû tochst oan dysels.
Ik tocht der juster oan.
Dat is krekt wat sy tocht.

Jo tochten dat it foarby wie.
Jim tinke oan in bettere tiid.
Wy tochten der niis oan.

Lesson 1: Woe/Wanted
Sy woe it nea wer dwaan.
Dû woest my slaan.
Wy woene har freegje.
Jim woene fuortslûpe.

Jo woene gjin antwurd jaan.
Sy woene graach lêze.
Ik woe it net leauwe.

Answer	Antwurd	Hit/Punch	Slaan
Ask	Freegje	Sneak away	Fuortslûpe
Believe	Leauwe	Never	Nea
To give	Jaan	Read (to)	Lêze

Lesson 2: Woe/wanted
Wy woene har freegje.
Jo woene gjin antwurd jaan.
Jim woene fuortslûpe.
Ik woe it net leauwe.

Sy woene graach lêze.
Dû woest my slaan.
Sy woe it nea wer dwaan.

Lesson 3: Woe/Wanted
Jo woene gjin antwurd jaan.
Jim woene fuortslûpe.
Dû woest my slaan.
Wy woene har freegje.

Sy woene graach lêze.
Sy woe it nea wer dwaan.
Ik woe it net leauwe.

Lesson 1: Koe/Could
Wy koene it waar foarspelle.
Sy koene it net leauwe.
Jim koene it net foarkomme.

Dû koest my warskôgje.
Ik koe it har net sizze.
Sy koene it net dwaan.

Believe	Leauwe	Predict	Foarspelle
Warn (to)	Warskôgje	Prevent	Foarkomme
Say	Sizze	To do	Dwaan

Lesson 2: Koe/Could
Ik koe it har net sizze.
Wy koene it waar foarspelle.
Sy koe it net dwaan.

Jim koene it net foarkomme.
Dû koest my warskôgje.
Sy koene it net leauwe.

Lesson 3: Koe/Could
Sy koe it net dwaan.
Wy koene it waar foarspelle.
Jim koene it net foarkomme.
Sy koe it net leauwe.
Ik koe it har net sizze.
Dû koest my warskôgje.

Lesson 1: Hie/Had
Hiene jim it fan him ferwachte?
Sy hiene it ferline wike al dien.
Hie hy it earlik tsjin my sein?
Wy hiene hjoed in protte wille.
Dû hiest gjin soargen.
Ik haw gjin nocht hjoed.
Jo hiene net in protte lok.

Worries	Soargen	Luck	Lok
Previous	Ferline	Expect	Ferwacht
Honest	Earlik	Fun	Wille
A lot	In protte	To, Against	Tsjin

Lesson 2: Hie/Had
Wy hiene hjoed in protte wille.
Hie hy it earlik tsjin my sein?
Sy hiene it ferline wike al dien.
Jo hiene net in protte lok.
Hiene jim it fan him ferwachte?
Dû hiest gjin soargen.
Ik haw gjin nocht hjoed.

Lesson 3: Hie/Had
Dû hiest gjin soargen.
Hie hy it earlik tsjin my sein?
Hiene jim it fan him ferwachte?
Ik haw gjin nocht hjoed.
Jo hiene net in protte lok.
Wy hiene hjoed in protte lok.
Sy hiene it ferline wike al dien.

Lesson 1: Wie/Was
Sy wie hjoed tige lilk.
Jo wiene net thús doe't wy delkamen.
Jim wiene bang foar it tsjuster.
Dû wiest by dyn pake, dochs?
Sy wiene bliid foar him.
Ik wie juster in bytsje siik.
Wy wiene bliid doe't barde.

Happy	Bliid	Angry	Lilk
Grandpa	Pake	Darkness	Tsjuster
Happened	Barde	Scared	Bang
At home	Thús	Came over	Delkamen

Lesson 2: Wie/Was
Jim wiene bang foar it tsjuster.
Ik wie juster in bytsje siik.
Dû wiest by dyn pake, dochs?
Wy wiene bliid doe't barde.
Sy wie hjoed tige lilk.
Sy wiene bliid foar him.
Jo wiene net thús doe't wy delkamen.

Lesson 3: Wie/Was
Sy wiene bliid foar him.
Sy wie hjoed tige lilk.
Jim wiene bang foar it tsjuster.
Wy wiene bliid doe't barde.
Jo wiene net thús doe't wy delkamen.
Ik wie juster in bytsje siik.
Dû wiest by dyn pake, dochs?

Lesson 1: Gie/Went
Wy giene mei foar dy.
Ik gie op fakânsje.
It gie net sa goed.
Dû giest nei it wâld.

Jim giene nei Fryslân.
Sy giene nei skoalle.
Giene jo juster fuort?

School	Skoalle		Vacation	Fakânsje
Woods	Wâld		Yesterday	Juster
For	Foar		Away	Fuort

Lesson 2: Gie/Went
Giene jo juster fuort?
Jim giene nei Fryslân.
It gie net sa goed.
Wy giene mei foar dy.

Ik gie op fakânsje.
Sy giene nei skoalle.
Dû giest nei it wâld.

Lesson 3: Gie/Went
Dû giest nei it wâld.
Ik gie op fakânsje.
It gie net sa goed.
Wy giene mei foar dy.

Jim giene nei Fryslân.
Sy gie nei skoalle.
Giene jo juster fuort?

Lesson 1: Die/Did
Jim diene it net sa goed dizze kear.
Ik die neat.
Wy diene it fergees.
Hy die it foar ús.

It die it net.
Sy diene it better as ús.
Jo diene it goed.

Just now	Niis		For free	Fergees
Time(s)	Kear		Than	As
Nothing	Neat		So	Sa

Lesson 2: Die/Did
Wy diene it fergees.
Hy die it foar ús.
Jim diene it net sa goed dizze kear.
Jo diene it goed.

It die it net.
Ik die neat.
Sy diene it better as ús.

Lesson 3: Die/Did
Wy diene it fergees.
Sy diene it better as ús.
Hy die it foar ús.
Jo diene it goed.

Jim diene it net sa goed dizze kear.
It die it net.
Ik die neat.

Lesson 1: Seach/Saw
Seagen wy dy by de brêge?
Sy seagen my lokkich net.
Jim seagen my oan.
Jo seagen der net sa goed út.

Sy seach har takomst.
Ik seach har twa jier lyn.
Dû seachst it oankomme.

Coming/Arrive	Oankommen		Bridge	Brêge
Luckily	Lokkich		Ago	Lyn
Future	Takomst		Year	Jier

Lesson 2: Seach/Saw

Ik seach har twa jier lyn.
Sy seagen my lokkich net.
Sy seach har takomst.
Jo seagen der net sa goed út.

Jim seagen my oan.
Seagen wy dy by de brêge?
Dû seachst it oankommen.

Lesson 3: Seach/Saw

Ik seach har twa jier lyn.
Dû seachst it oankommen.
Jo seagen der net sa goed út.
Jim seagen my oan.

Seagen wy dy by de brêge?
Sy seagen my lokkich net.
Sy seach har takomst.

How do Frisian verbs work Lesson 1

	Present Time	Past Time
Ik	feroarje	feroare
Dû	feroarest	feroarest(e)
Hy, sy, it	feroaret	feroare
Wy, jim, sy, jo	feroarje	feroaren
Present Perfect	Ik haw	feroare

Ik	easkje	easke
Dû	easkest	eakest(e)
Hy, sy, it	easket	easke
Wy, jim, sy, jo	easkje	easken
Present Perfect	Ik haw	easke

Ik	studearje	studearre
Dû	studearrest	studearrest(e)
Hy, sy, it	studearret	studearre
Wy, jim, sy, jo	studearje	studearren
Present Perfect	Ik haw	studearre

Ik	betterje	bettere
Dû	betterest	betterest(e)
Hy, sy, it	betteret	bettere
Wy, jim, sy, jo	betterje	betteren
Present Perfect	Ik haw	bettere

Ik	harkje	harke
Dû	harkest	harkest(e)
Hy, sy, it	harket	harke
Wy, jim, sy, jo	harkje	harken
Present Perfect	Ik haw	harke

How do Frisian verbs work Lesson 2

Kinstû dat werhelje foar my?
Sy boarstelet har hier.
Sy soarget foar him.
Sy sammelet poddestuollen yn it bosk.
Wy hawwe it iten al fertarre.
Sy fuorret har hûn.

Jim sykhelje troch de noas.
Wy libje ús libben.
Dû kôgest op it iten.
Ik rikje in sigaret fan ús beppe.
Hy skillet syn mem foar help.
Sy wasket har klean yn de waskmasine.

How do Frisian verbs work Lesson 3

Sy fuorret har hûn.
Dû kôgest op it iten.
Ik rikje in sigaret fan ús beppe.
Wy hawwe it iten al fertarre.
Hy skillet syn mem foar help.
Sy soarget foar him.

Sy boarstelet har hier.
Sy sammelet poddestuollen yn it bosk.
Jim sykhelje troch de noas.
Wy libje ús libben.
Kinstû dat werhelje foar my?
Sy wasket har klean yn de waskmasine.

Mushrooms	Poddestuollen	Life	Libben
Dog	Hûn	Nose	Noas
Machine	Masine	Cigarette	Sigaret
Bosk	Woods	Hair	Hier

How do Frisian verbs work Lesson 4

Ik	griem	griemde
Dû	griemst	griemdest
Hy, sy, it	griemt	griemde
Wy, jim, sy, jo	grieme	griemden
Present Perfect	**Ik haw**	griemd

Ik	Dream	Dreamde
Dû	dreamst	dreamdest
Hy, sy, it	dreamt	dreamde
Wy, jim, sy, jo	dreame	dreamden
Present Perfect	**Ik haw**	dreamd

Ik	fiel	fielde
Dû	fielst	fieldest
Hy, sy, it	fielt	fielde
Wy, jim, sy, jo	fiele	fielden
Present Perfect	**Ik haw**	field

Ik	hak	hakte
Dû	hakst	haktest
Hy, sy, it	hakt	hakte
Wy, jim, sy, jo	hakke	hakten
Present Perfect	**Ik haw**	hakt

Ik	brûk	brûkte
Dû	brûkst	brûktest
Hy, sy, it	brûkt	brûkte
Wy, jim, sy, jo	brûke	brûken
Present Perfect	**Ik haw**	brûkt

How do Frisian verbs work Lesson 5

Sy fertrout my.
Wy misse har.
Ik stjoerde har in berjocht.
Juster hawwe wy in boat hierd.
Wy mienden it hear.
Hy heart in nuver lûd

Hy hat in âld ferhaal ferteld.
Sy neamde myn namme niis.
Sy hat him werkend.
Wy hawwe in protte fan dy leard.
Wy flechten nei it bûtenlân.
Dû wenst goed oan nije situaasjes.

How do Frisian verbs work Lesson 6

Sy neamde myn namme niis.
Wy flechten nei it bûtenlân.
Juster hawwe wy in boat hierd.
Sy fertrout my.
Wy misse har.
Wy mienden it hear.

Sy hat him werkend.
Hy heart in nuver lûd.
Dû wenst goed oan nije situaasjes.
Hy hat in âld ferhaal ferteld.
Wy hawwe in protte fan dy leard.
Ik stjoerde har in berjocht.

Loud/Sound	Lûd
Boat	Boat
Story	Ferhaal
Situation	Situaasje
Abroad	Bûtenlân
Message	Berjocht

Make the question Lesson 1

Lêst it famke in boek oer de Fryske skiednis?
Sliep ik yn myn bêd wylst it reint?
Smart sy de op har hûd?
Sprekt hy my tsjin?
Wol de man de auto fan my keapje?
Dogge wy ús bêst?
Moat ik de hiele dei wurkje?
Fielt hy him siik troch it iten?
Hâldt sy fan iten siede?
Makket ús mem de ruten fan it hûs skjin?

Make the question Lesson 2

Sammelje jim wylde poddestuollen yn it wâld?
Fielde ik my juster net sa goed?
Jit hy it glês fol mei wetter?
Stjoer ik in berjocht nei myn faam?
Duorret it in pear wiken foardat ik op fakânsje kin?
Stoppet de lúksewein by it reade stopljocht?
Ried de lúksewein oer de strjitte?
Lear ik de Fryske taal?
Haw ik myn nocht hjoed?
Hat sy lêst fan har rêch?

Irregular Verbs Lesson 1

to exaggerate	Present Tense	Past Tense
Ik	oerdriuw	oerdreau
Dû	oerdriuwst	oerdreaust
Hy, sy, it	oerdriuwt	oerdreau
Wy, jim, sy, jo	oerdriuwe	oerdreaune
Present Perfect	Ik haw	oerdreaun

to describe		
Ik	beskriuw	beskreau
Dû	beskriuwst	beskreaust
Hy, sy, it	beskriuwt	beskreau
Wy, jim, sy, jo	beskriuwe	beskreaune
Present Perfect	Ik haw	beskreaun

to stay		
Ik	bliuw	bleau
Dû	bliuwst	bleaust
Hy, sy, it	bliuwt	bleau
Wy, jim, sy, jo	bliuwe	bleaune
Present Perfect	Ik haw	bleaun

to taste		
Ik	priuw	preau
Dû	priuwst	preaust
Hy, sy, it	priuwt	preau
Wy, jim, sy, jo	priuwe	preaune
Present Perfect	Ik haw	preaun

to push		
Ik	triuw	treau
Dû	triuwst	treaust
Hy, sy, it	triuwt	treau
Wy, jim, sy, jo	triuwe	treaune
Present Perfect	Ik haw	treaun

to rub		
Ik	wriuw	wreau
Dû	wriuwst	wreaust
Hy, sy, it	wriuwt	wreau
Wy, jim, sy, jo	wriuwe	wreaune
Present Perfect	Ik haw	wreaun

Irregular Verbs Lesson 2
Sy binne thús bleaun.
Dû hast oerdreaun juster.
Sy treau dy fuort.
Wy wriuwe de grûn skjin.

Hy skreau in brief foar syn faam.
Wy priuwe it iten.
Dû beskriuwst de situaasje.
It driuwt op it wetter.

Irregular Verbs Lesson 3
Sy binne thús bleaun.
Dû hast oerdreaun juster.
Sy treau dy fuort.
Wy wriuwe de grûn skjin.

Hy skreau in brief foar syn faam.
Wy priuwe it iten.
Dû beskriuwst de situaasje.
It driuwt op it wetter.

Irregular Verbs Lesson 4
Hy is mei de opdracht begûn.
De poppe krûpt oer de grûn.
Dû hast it my ferbean.
Wy ferlearen de wedstriid.
It wetter befrear troch de kjeld.
Dû fergeatst dyn tillefoan.
Sy skrok fan de lûde muzyk.
Ik swim nei dy ta.

Sy keapet nije klean.
Wy ferbrekke de stilte.
Wy hawwe in skelet ûntdutsen.
Sy slút de doar.
Hy skeat op syn doel.
It skip sinkt nei de boaiem.
Hy slepte troch de hurde rein hinne.
Wy ferkeapje in grut stik lân.

Irregular Verbs Lesson 5
Dû fergeatst dyn tillefoan.
It skip sinkt nei de boaiem.
Wy ferbrekke de stilte.
Wy ferlearen de wedstriid.
De poppe krûpt oer de grûn.
Hy skeat op syn doel.
Wy ferkeapje in grut stik lân.
Dû hast it my ferbean.

Hy is mei de opdracht begûn.
It wetter befrear troch de kjeld.
Hy slepte troch de hurde rein hinne.
Sy keapet in nije klean.
Ik swim nei dy ta.
Wy hawwe in skelet ûntdutsen.
Sy slút de doar.
Sy skrok fan de lûde muzyk.

Time words Lesson 1
Is hy juster werom kaam?
Ik sil dy altyd helpe.
Wy moatte no fuort.
Juster wie it tige drok by de supermerke.
Ik haw altyd foar dy soarge.
No kinne wy tegearre wêze.

Ik sjoch dy moarn.
Wêr geane wy hjoed hinne?
Fan 'e middei geane wy nei beppe.
Moarn geane wy nei hûs.
Hjoed hawwe wy gjin nocht.
Fan 'e middei skynt de sinne.

Time words Lesson 2
Ik sil dy altyd helpe.
Moarn geane wy nei hûs.
Hjoed hawwe wy gjin nocht.
Is hy juster werom kaam?
Fan 'e middei geane wy nei beppe.
Wy moatte no fuort.

No kinne wy tegearre wêze.
Wêr geane wy hjoed hinne?
Fan 'e middei skynt de sinne.
Ik sjoch dy moarn.
Hjoed wie it tige drok by de supermerke.
Ik haw altyd foar dy soarge.

See	Sjoch	Sun	Sinne
Shines	Skynt	Took care	Soarge
Back	Werom	Crowded	Drok
To	Nei	Supermarket	Supermerke
Grandma	Beppe	Really	Tige

Time words Lesson 3

Ik bin drôvich sûnt ôfrûne saterdei.
Ik tink dat ik jûn wurch bin.
En doe kaam ús mem thús.
Hy woe my doe net helpe.
Jûn komt in freon fan my del.
Ynkoarten krije wy in nije hûn.

Wat sei hy niis/krekt?
Wy meie ynkoarten wer nei hûs.
Ik kaam krekt/niis thús.
Ik sei krekt/niis eat.
Hy sei niis/krekt dat er net kin.
Hy is sûnt juster siik.

Time words Lesson 4

Wy meie ynkoarten wer nei hûs.
Jûn komt in freon fan my del.
Hy woe my doe net helpe.
Ik bin drôvich sûnt ôfrûne saterdei.
Wat sei hy niis/krekt?
Ik tink dat ik jûn wurch bin.

Hy is sûnt juster siik.
Hy sei niis/krekt dat er net kin.
Ik kaam krekt/niis thús.
En doe kaam ús mem thús.
Ik sei krekt/niis eat.
Ynkoarten krije wy in nije hûn.

My mom	Ús mem	Get (to)	Krije
Sad	Drôvich	Friend	Freon
Tired/Sleepy	Wurch/Warch	Sick	Siik
Came	Kaam	Something	Eat
Days	Dagen	New	Nij

Plural Lesson 1

Ik sjoch ien muorre. Dû sjochst twa muorren.
Ik lês ien boek. Dû lêst trije boeken.
Hy brûkt ien glês. Sy brûkt fjouwer glêzen.
Wy hawwe in kaai. Jim hawwe fiif kaaien.
Wy wenje yn in doarp. Yn hoe folle doarpen hastû wenne?
Ien stêd. Twa stêden.
Dû hast ien freon. Ik haw trije freonen.
Jo hawwe in bedriuw. Sy hat twa bedriuwen.
Ik hier in boat. Jim hiere twa boaten.
Ik gean foar ien moanne, ynstee fan fjouwer moannen.
It is in krêft, mar der binne mear krêften.
Sy hat ien hûn. Wy hawwe trije hûnen.
Ik sjoch ien ljocht, mar sy sjocht seis ljochten.
Ien minsk is goed, mar mear minsken kinne gefaarlik wêze.
Ien tins kin al gau mear tinzen wurde.
Wy hawwe ien strjitte yn ús doarp. Hoe folle strjitten hat dyn doarp?

Plural Lesson 2

Jo hawwe in bedriuw. Sy hat twa **bedriuwen**.
Sy hat ien hûn. Wy hawwe trije **hûnen**.
Ik gean foar ien moanne, ynstee fan fjouwer **moannen**.
Ien stêd. Twa **stêden**.
It is in krêft, mar der binne mear **krêften**.
Wy wenje yn in doarp. Yn hoe folle **doarpen** hastû wenne?
Ik sjoch ien ljocht, mar sy sjocht seis **ljochten**.
Ien minsk is goed, mar mear **minsken** kinne gefaarlik wêze.
Ik hier in boat. Jim hiere twa **boaten**.
Ien tins kin al gau mear **tinzen** wurde.
Wy hawwe ien strjitte yn ús doarp. Hoe folle **strjitten** hat dyn doarp?
Ik sjoch ien muorre. Dû sjochst twa **muorren**.
Ik lês ien boek. Dû lêst trije **boeken**.
Hy brûkt ien glês. Sy brûkt fjouwer **glêzen**.
Wy hawwe in kaai. Jim hawwe fiif **kaaien**.
Dû hast ien freon. Ik haw trije **freonen**.

Street	Strjitte	Hire	Hiere
Town	Doarp	Dangeous	Gefaarlik
Power	Krêft	Quick	Gau
Thought	Tins	Company	Bedriuw
Instead	Ynstee	Glass	Glês
People, Person	Minsk	City	Stêd
Key	Kaai	Month	Moanne

Plural Lesson 3

Juster is der ien stjer fallen. Hjoed binne der al fjouwer **stjerren** fallen.
Ik sjoch ien berch. Dû sjochst trije **bergen**.
Kinst better twa **fuotten** brûke. Ynstee fan ien foet.
Hy is yn ien lân west. Sy yn trije **lannen**.
Wy hawwe ien doar. Ynstee fan twa **doarren**.
Ik haw in beam yn myn tún. Hy hat trije **beammen** yn syn tún.
Moatst net ien each brûke, mar twa **eagen**.
Twa **hannen** binne better as ien hân.
Ik haw ien stien. Sy hat tsien **stiennen**.
Hy yt in par. Sy yt trije **parren**.
Wy hawwe no ien stoel, mar wy hawwe fjouwer **stuollen** nedich.

Plural Lesson 4

Hy is yn ien lân west. Sy yn trije **lannen**.
Twa **hannen** binne better as ien hân.
Ik haw ien stien. Sy hat tsien **stiennen**.
Ik haw in beam yn myn tún. Hy hat trije **beammen** yn syn tún.
Hy yt in par. Sy yt trije **parren**.
Ik sjoch ien berch. Dû sjochst trije **bergen**.
Juster is der ien stjer fallen. Hjoed binne der al fjouwer **stjerren** fallen.
Wy hawwe no ien stoel, mar wy hawwe fjouwer **stuollen** nedich.
Kinst better twa **fuotten** brûke. Ynstee fan ien foet.
Moatst net ien each brûke, mar twa **eagen**.
Wy hawwe ien doar, ynstee fan twa **doarren**.

Garden	Tún	Stone	Stien
Star	Stjer	Eye	Each
Mountain	Berch	Need	Nedich
Land	Lân	Pear	Par
Stool/Chair	Stoel	Fallen	Fallen
Foot	Foet	Tree	Beam
Door	Doar	Instead	Ynstee

Plural Lesson 5

Ien finger docht sear. Dy oare fjouwer **fingers** dogge net sear.
Ik haw in bern en sy hat twa **bern**.
Ien dei. Seis **dagen**.
Ik haw ien apel hân. Dû hast trije **apels** hân.
Pake hat in ko. Heit hat **kij**.
Somtiden haw ik ien kessen yn bêd, mar somtiden ek wol twa **kessens**.
Hy hat in skiep, mar sy hat mear **skiep**.
In skoech. Mear **skuon**.
Dit boek hat ien skriuwer. Dy oare hat twa **skriuwers**.
Ien wei kin twa **wegen** wurde.
In fûgel fleant troch de loft. Twa **fûgels** sitte op in tûke.

Plural Lesson 6

Pake hat in ko. Heit hat **kij**.
In fûgel fleant troch de loft. Twa **fûgels** sitte op in tûke.
Ik haw in bern en sy hat twa **bern**.
Ien dei. Seis **dagen**.
Ik haw ien apel hân. Dû hast trije **apels** hân.
Ien wei kin twa **wegen** wurde.
Somtiden haw ik ien kessen yn bêd, mar somtiden ek wol twa **kessens**.
Hy hat in skiep, mar sy hat mear **skiep**.
In skoech. Mear **skuon**.
Dit boek hat ien skriuwer. Dy oare hat twa **skriuwers**.
Ien finger docht sear. Dy oare fjouwer **fingers** dogge net sear.

Writer	Skriuwer	Days	Dagen
Pillow	Kessen	Limb/Branch	Tûke
Shoe	Skoech	Roads	Wegen
Bird	Fûgel	Flies	Fleant
Sheep	Skiep	Sometimes	Somtiden
Bed	Bêd	Cow	Ko
Dad/Father	Heit	Other	Oare
Finger	Finger	Sky	Loft

Lesson 1: Lit/Let

Hy **lit** de doar iepen.
Wy **litte** dy rêste.
Sy **litte** my gean.
Dû **litst** it him net sjen.
Dû **litst** my net prate.
Lit my derút!
Sy **lit** it dwaan troch in oar.
Ik **lit** him hjir komme.

Ik **lit** dy winne.
Lit my allinnich.
Ik **lit** it dy witte.
Lit ús ússels foarstelle.
Litte wy fuort gean.
Sy **litte** gjinien ta.
Lit my ris besykje.
Hy **lit** it net ta.

Lesson 2: Lit/Let

Hy lit it net ta.
Sy lit it dwaan troch inoar.
Ik lit dy winne.
Sy litte gjinien ta.
Wy litte dy rêste.
Dû litst my net prate.
Sy litte my gean.
Lit my allinnich.

Ik lit him hjir komme.
Lit ús ússels foarstelle
Litte wy fuort gean.
Lit my derút!
Dû litst it him net sjen.
Ik lit it dy witte.
Hy lit de doar iepen.
Lit my ris besykje.

Lesson 3: Lit/Let

Dû litst my net prate.
Sy lit/litte it dwaan troch inoar.
Ik lit dy winne.
Sy litte gjinien ta.
Litte wy fuort gean.
Dû litst it him net sjen.
Sy litte/lit my gean.
Lit my allinnich.

Lit ús ússels foarstelle
Ik lit him hjir komme.
Lit my derút!
Wy litte dy rêste.
Ik lit it dy witte.
Hy lit de doar iepen.
Hy lit it net ta.

Open	Iepen	Ourselves	Ússels
Rest (to)	Rêste	Talk	Prate
Win	Winne	Someone else	Inoar
Know	Witte	Out	Út
No one	Gjinien	Try	Besykje

Lesson 4: Lit/Let

Hy lit it net ta.
Sy lit it dwaan troch inoar.
Ik lit dy winne.
Sy litte gjinien ta.
Wy litte dy rêste.
Dû litst my net prate.
Sy litte my gean.
Lit my allinnich.

Ik lit him hjir komme.
Lit ús ússels foarstelle
Litte wy fuort gean.
Lit my derút!
Dû litst it him net sjen.
Ik lit it dy witte.
Hy lit de doar iepen.
Lit my ris besykje.

Lesson 1: Mei/May

Dû meist my net oanreitsje.
Mei ik mei dy dûnsje?
Mei ik dy wat freegje?
Meie wy dy skilje?
It mei fan my wol.
Wy meie net bûten komme.
Jim meie my net.
It mei fan har net.
Hy mei graach bûten wêze.

Meie wy binnen komme?
Sy meie my folgje.
Dû meist dyn eagen ticht dwaan.
Jim meie wol komme hear.
Mei ik mei him prate?
Dû meie hjir net komme.
Sy meie it opnij dwaan.
Sy mei my net sjen.
Ik mei net by dy komme.

Lesson 2: Mei/May
Jim meie my net.
Wy meie net bûten komme.
Mei ik dy wat freegje?
Sy meie my folgje.
Hy mei graach bûten wêze.
Mei ik mei him prate?
Mei ik mei dy dûnsje?
Dû meist hjir net komme.
It mei fan har net.

Meie wy dy skilje?
Ik mei net by dy komme.
Sy mei my net sjen.
Meie wy binnen komme?
Sy meie it opnij dwaan.
Dû meist my net oanreitsje.
It mei fan my wol.
Dû meist dyn eagen ticht dwaan.
Jim meie wol komme hear.

Lesson 3: Mei/May
Hy mei graach bûten wêze.
Mei ik mei him prate?
Mei ik dy wat freegje?
Sy mei/meie my net sjen.
Meie wy binnen komme?
Sy meie it opnij dwaan.
Dû meist hjir net komme.
It mei fan my wol.
It mei fan har net.

Meie wy dy skilje?
Ik mei net by dy komme.
Dû meist my net oanreitsje.
Sy meie/mei my folgje.
Wy meie net bûten komme.
Jim meie my net.
Mei ik mei dy dûnsje?
Dû meist dyn eagen ticht dwaan.
Jim meie wol komme hear.

Call/Dial	Skilje
Ask (to)	Freegje
Follow (to)	Folgje
Touch	Oanreitsje
Be	Wêze
Close	Ticht
Like to	Graach
Eyes	Eagen
Dance (to)	Dûnsje
Again	Opnij
With	Mei
Talk	Prate

Lesson 4: Mei/May
Jim meie my net.
Wy meie net bûten komme.
Mei ik dy wat freegje?
Sy meie my folgje.
Sy meie it opnij dwaan.
Dû meist my net oanreitsje.
It mei fan my wol.
Dû meist dyn eagen ticht dwaan.
Jim meie wol komme hear.

Meie wy dy skilje?
Ik mei net by dy komme.
Sy mei my net sjen.
Hy mei graach bûten wêze.
Mei ik mei him prate?
Mei ik mei dy dûnsje?
Dû meist hjir net komme.
It mei fan har net.
Meie wy binnen komme?

Lesson 1: Sil/Shall
It sil net sa maklik wêze.
Wat sille wy meitsje?
Hy sil it freegje.
Wy sille dy misse.
Ik sil it dy earlik sizze.
Wêr sil it wêze?
It sil wol goedkomme.

Sille wy dit tegearre dwaan?
Sille sy harkje nei him?
Ik sil nei hûs ride.
Wy sille in nij hûs keapje.
Wat sil ik him sizze?
Sy sille op tiid komme.

Lesson 2: Sil/Shall
Sille sy harkje nei him?
Sille wy dit tegearre dwaan?
It sil net sa maklik wêze.
Wat sil ik him sizze?
Wat sille wy meitsje?
Hy sil it freegje.
Ik sil nei hûs ride.

Wy sille dy misse.
Ik sil it dy earlik sizze.
Wêr sil it wêze?
It sil wol goedkomme.
Wy sille in nij hûs keapje.
Sy sille op tiid komme.

Lesson 3: Sil/Shall

Ik sil it dy earlik sizze.
Wêr sil it wêze?
Sille wy dit tegearre dwaan?
It sil net sa maklik wêze.
It sil wol goedkomme.
Sille/Sy sy harkje nei him?
Ik sil nei hûs ride.

Wy sille in nij hûs keapje.
Wy sille dy misse.
Sy sille/sil op tiid komme.
Wat sil ik him sizze?
Wat sille wy meitsje?.
Hy sil it freegje.

Together	Tegearre	Make	Meitsje
Drive	Ride	Tell (to)	Sizze
Easy	Maklik	Okay	Okee
Miss (to)	Misse	Honest	Earlik
Time	Tiid	Buy (to)	Keapje
To do	Dwaan	Will be alright	Goedkomme

Lesson 4: Sil/Shall

Sille sy harkje/lústerje nei him?
Sille wy dit tegearre dwaan?
It sil net sa maklik wêze.
Wat sil ik him sizze?
Wat sille wy meitsje?
Hy sil it freegje.
Ik sil nei hûs ride.

Wy sille dy misse.
Ik sil it dy earlik sizze.
Wêr sil it wêze?
It sil wol goedkomme.
Wy sille in nij hûs keapje.
Sy sille op tiid komme.

Lesson 1: Wol/Want

Sy wol net harkje.
Ik wol âld wurde.
Wy wolle hjir net wêze.
Hy wol my net sjen.
Wolle jim it lêze?
Wolle wy dat wol?
Wolle jim gearwurkje?
Wolle jo mei ús mei?

Jo wolle hielendal neat.
Sy wol it net leauwe.
It wol net brekke.
Dû wolst my sear dwaan.
It wol net stopje.
Sy wolle graach reizgje.
Hy wol dat ik it doch.
Ik wol datstû it net dochst.

Lesson 2: Wol/Want

Wolle wy dat wol?
Hy wol dat ik it doch.
It wol net brekke.
Sy wolle graach reizgje.
Wolle jim gearwurkje?
Wolle jo mei ús mei?
Jo wolle hielendal neat.
Hy wol my net sjen.

Wolle jim it lêze?
Sy wolle it net leauwe.
Ik wol âld wurde.
Ik wol datstû it net dochst.
It wol net stopje.
Dû wolst my sear dwaan.
Sy wol net harkje.
Wy wolle hjir net wêze.

Lesson 3: Wol/Want

Jo wolle hielendal neat.
Wolle jo mei ús mei?
It wol net brekke.
Wy wolle hjir net wêze.
Ik wol datstû it net dochst.
Ik wol âld wurde.
Dû wolst my sear dwaan.
Sy wol/wolle net harkje.

Hy wol dat ik it doch.
Sy wolle/wol it net leauwe.
Wolle jim gearwurkje?
Sy wolle/wol graach reizgje.
It wol net stopje.
Wolle jim it lêze?
Wolle wy dat wol?
Hy wol my net sjen.

Completely	Hielendal
Believe (to)	Leauwe
Break (to)	Brekke
Sore	Sear
Read	Lêze
Would like to	Graach
Travel	Reizgje
Stop (to)	Stopje
Working together	Gearwurkje
With	Mei

Lesson 4: Wol/Want

Wolle wy dat wol?
Hy wol dat ik it doch.
It wolle net brekke.
Sy wolle graach reizgje.
Wolle jim gearwurkje?
Wolle jo mei ús mei?
Jo wolle hielendal neat.
Hy wol my net sjen.

Wolle jim it lêze?
Sy wolle it net leauwe.
Ik wol âld wurde.
Ik wol datstû it net dochst.
It wol net stopje.
Dû wolst my sear dwaan.
Sy wol net harkje.
Wy wolle hjir net wêze.

Lesson 1: Kin/Can

Sy kin fier sjen.
Ik kin it net dwaan.
Kinne jo ús helpe?
Jim kinne it better as ús.
Dû kinst it wol.
Hy kin de film ek sjen.
Ik kin foar mysels soargje.
Sy kin tige goed swimme.
Kinne wy it sjen?

Hy kin ek komme.
Kinne wy it útstelle?
Sy kinne lilk wêze.
It kin hjoed net.
Ik kin it my net yntinke.
Sy kinne dy ferstean.
Dû kinst my alles sizze.
Kinne jim my hinne bringe?
Dû kinst him fertrouwe.

Lesson 2: Kin/Can

Sy kin tige goed swimme.
Jim kinne it better as ús.
Ik kin it my net yntinke.
It kin hjoed net.
Kinne wy it sjen?
Kinne jo ús helpe?
Hy kin ek komme.
Dû kinst him fertrouwe.
Dû kinst my alles sizze.

Sy kin fier sjen.
Hy kin de film ek sjen.
Ik kin it net dwaan.
Sy kinne dy ferstean.
Dû kinst it wol.
Kinne jim my hinne bringe?
Ik kin foar mysels soargje.
Sy kinne lilk wêze.
Kinne wy it útstelle?

Lesson 3: Kin/Can

Jim kinne it better as ús.
Sy kin/kinne fier sjen.
Hy kin de film ek sjen.
Kinne jo ús helpe?
Sy kinne/kin dy ferstean.
Dû kinst it wol.
Hy kin ek komme.
Dû kinst him fertrouwe.
Sy kinne/kin lilk wêze.

Bring (to)	Bringe
Understand	Ferstean
Imagine (to)	Yntinke
Swim (to)	Swimme
Trust	Fertrouwe

Dû kinst my alles sizze.
Kinne wy it útstelle?
Ik kin it my net yntinke.
It kin hjoed net.
Kinne wy it sjen?
Kinne jim my hinne bringe?
Ik kin foar mysels soargje.
Sy kin/kinne tige goed swimme.
Ik kin it net dwaan.

Take care	Soargje
Everything	Alles
See	Sjen
Delay	Útstelle
Angry	Lilk

Lesson 4: Kin/Can

Sy kin tige goed swimme.
Jim kinne it better as ús.
Ik kin it my net yntinke.
It kin hjoed net.
Kinne wy it sjen?
Kinne jo ús helpe?
Hy kin ek komme.
Dû kinst him fertrouwe.
Dû kinst my alles sizze.

Sy kin fier sjen.
Hy kin de film ek sjen.
Ik kin it net dwaan.
Sy kin dy ferstean.
Dû kinst it wol.
Kinne jim my hinne bringe?
Ik kin foar mysels soargje.
Sy kinne lilk wêze.
Kinne wy it útstelle?

Lesson 1: Moat/Must

Sy moatte sliepe.
Ik moat no fuort.
Sy moat it dwaan.
Hy moat nei hûs.
Jim moatte it besykje.
Sy moat nei skoalle.
Moatte jim wurkje?
Jo moatte derom tinke.
Hy moat mei ús mei.

Moatte jo eat ite?
Dû moatst my bringe.
Moat it hjoed ôf wêze?
Moatte wy hjir nei ûnderen?
Dû moatst it my fertelle.
Ik moat no sliepe.
Sy moatte it jild noch fan my krije.
It moat wurkje.
Wy moatte hjirre nei rjochts.

Lesson 2: Moat/Must

Sy moatte sliepe.
Dû moatst it my fertelle.
Sy moat it dwaan.
Sy moat nei skoalle.
Jim moatte it besykje.
Moat it hjoed ôf wêze?
Ik moat no fuort.
Jo moatte derom tinke.
Moatte wy hjir nei ûnderen?

Ik moat no sliepe.
Wy moatte hjirre nei rjochts.
Moatte jo eat ite?
It moat wurkje.
Moatte jim wurkje?
Dû moatst my bringe.
Hy moat mei ús mei.
Hy moat nei hûs.
Sy moatte it jild noch fan my krije.

Lesson 3: Moat/Must

Jo moatte derom tinke.
Dû moatst it my fertelle.
Sy moat it dwaan.
Moatte wy hjir nei ûnderen?
It moat wurkje.
Moat it hjoed ôf wêze?
Ik moat no fuort.
Sy moatte sliepe.
Hy moat mei ús mei.

Ik moat no sliepe.
Sy moatte it jild noch fan my krije.
Moatte jo eat ite?
Sy moat nei skoalle.
Moatte jim wurkje?
Dû moatst my bringe.
Jim moatte it besykje.
Wy moatte hjirre nei rjochts.
Hy moat nei hûs.

Something	Eat
Sleep	Sliep
Go down	Nei ûnderen
Go home	Nei hûs
House	Hûs
Try (to)	Besykje
Tell (to)	Fertelle
Watch out	Derom tinke
Money	Jild
Work (to)	Wurkje

Lesson 4: Moat/Must

Sy moatte sliepe.
Dû moatst it my fertelle.
Sy moat it dwaan.
Sy moat nei skoalle.
Jim moatte it besykje.
Moat it hjoed ôf wêze?
Ik moat no fuort.
Jo moatte derom tinke.
Moatte wy hjir nei ûnderen?

Ik moat no sliepe.
Wy moatte hjirre nei rjochts.
Moatte jo eat ite?
It moat wurkje.
Moatte jim wurkje?
Dû moatst my bringe.
Hy moat mei ús mei.
Hy moat nei hûs.
Sy moatte it jild noch fan my krije.

How to make diminutives? Lesson 1

Fear	Lyts fearke	Wurd	Lyts wurdsje
Doarp	Lyts doarpke	Stien	Lyts stientsje
Berjocht	Lyts berjochtsje	Mar	Lyts marke
Kaai	Lyts kaaike	Stêd	Lyts stêdsje
Beam	Lyts beamke	Paad	Lyts paadsje
Doar	Lyts doarke	Stjer	Lyts stjerke
Bedriuw	Lyts bedriuwke	Tried	Lyts triedsje
Blom	Lyts blomke	Plant	Lyts plantsje
Sleat	Lyts sleatsje	Hûs	Lyts hûske
Blêd	Lyts blêdsje	Skerm	Lyts skermke
Peal	Lyts pealtsje	Finster	Lyts finsterke
Fûgel	Lyts fûgeltsje		

Recap of the Frisian words

Little feather	Fearke	Little town	Doarpke
Little path	Paadsje	Little door	Doarke
Little tree	Beamke	Little stone	Stientsje
Little message	Berjochtsje	Little lake	Marke
Little key	Kaaike	Little city	Stêdsje
Little star	Stjerke	Little word	Wurdsje
Little company	Bedriuwke	Little bird	Fûgeltsje
Little wire	Triedsje	Little window	Finsterke
Little bloom	Blomke	Little pole	Pealtsje
Little plant	Plantsje	Little screen	Skermke
Little ditch	Sleatsje	Little leaf	Blêdsje
Little house	Hûske		

How to make diminutives? Lesson 2

Fear	Lyts fearke	Wurd	Lyts wurdsje
Doarp	Lyts doarpke	Stien	Lyts stientsje
Berjocht	Lyts berjochtsje	Mar	Lyts marke
Kaai	Lyts kaaike	Stêd	Lyts stêdsje
Beam	Lyts beamke	Paad	Lyts paadsje
Doar	Lyts doarke	Stjer	Lyts stjerke
Bedriuw	Lyts bedriuwke	Tried	Lyts triedsje
Blom	Lyts blomke	Plant	Lyts plantsje
Sleat	Lyts sleatsje	Hûs	Lyts hûske
Blêd	Lyts blêdsje	Skerm	Lyts skermke
Peal	Lyts pealtsje	Finster	Lyts finsterke

De or it? Lesson 1

De sliepkeamer
De emoasje
It paad
De godtsjinst
It pistoal
De dream
De besiker

It boerd
It probleem
It iten
It swit
De takomst
It fersyk
De bynamme

De harsens
De lantearnepeal
De gearkomst
De priis
De skat
It wurk

De or it? Lesson 2

De sliepkeamer
It probleem
De emoasje
It boerd
De harsens

De lantearnepeal
It paad
De godtsjinst
It iten
De gearkomst

De priis
It swit
De takomst
It pistoal
De skat

De dream
It fersyk
De besiker
It wurk
De bynamme

De or it? Lesson 3

De toskeboarstel
De kears
It krûd
De wask
It miel
De koade
It bestean

It lân
De feroaring
De miening
De wedstriid
De skriuwer
It stjoer
De needtastân

It bestân
It ferkear
De line
It riedsel
De famylje
De freonskip

De or it? Lesson 4

De wedstriid
It riedsel
De skriuwer
It miel
De famylje

De koade
It stjoer
De freonskip
It bestean
De needtastân

De toskeboarstel
It lân
De feroaring
It bestân
De kears

De wask
It ferkear
De line
It krûd
De miening

De or it? Lesson 5

It plak
De kriich
De biezem
It libben
It regear
It ûnderhâld
De doaze

De hikke
It nijs
De krite
De brân
It reaster
It petear
De wilskrêft

De rûzje
It sied
De fakânsje
De pûde
De ôflieding
De goarre

De or it? Lesson 6

De hikke
It plak
De rûzje
It nijs
De kriich

De biezem
It sied
De krite
It libben
De fakânsje

De brân
It regear
De pûde
It reaster
De ôflieding

De doaze
It ûnderhâld
De goarre
It petear
De wilskrêft

De or it? Lesson 7

It ferbrûk
De útfining
De skiednis
De tsjinst
De rûmte
It ferhaal
De grins

De jûn
De fjoeroanstekker
De rige
De tastimming
It belied
De jierdei
It sinneljocht

It patroan
It sintrum
It selsfertrouwen
It ôffal
De sigaret
De swiertekrêft

De or it? Lesson 8

De tastimming
It ôffal
De rûmte
It belied
De sigaret

De jierdei
It ferhaal
De swiertekrêft
It sinneljocht
De grins

De jûn
It ferbrûk
De útfining
It patroan
De fjoeroanstekker

De skiednis
It sintrum
De rige
It selsfertrouwen
De tsjinst

De or it? Lesson 9

It haadstik
De fieding
De buorren
De delsetting
It bewiis
De blêdside
De wiisheid

De faam
It ferfier
It mearfâld
It skot
De solúsje
De ferve
It ferried

De leagen
De belesting
It ferstân
De gearfetting
De fertinking
It waar

De or it? Lesson 10
De faam
It haadstik
De leagen
It ferfier
De fieding

De belesting
It mearfâld
De buorren
It ferstân
De delsetting

De gearfettting
It skot
De solúsje
It bewiis
De fertinking

De blêdside
It waar
De ferve
It ferried
De wiisheid

This, that, these and those Lesson 1
Dy boeken binne fan my.
Dizze muorre is bryk.
Dat is noflik.
Ik fyn dizze merke noflik.
Wat tinkstû fan dy muorre?
Dat binne syn klean.

Dat binne myn skuon.
Dit is in muorre.
Dit is myn plak.
Binne dy fan dy?
Dit is in foto fan my.
Dizze boeken binne fan dy.

This, that, these and those Lesson 2
Dit is myn plak.
Dit is in foto fan my.
Wat tinkstû fan dy muorre?
Dit is in muorre.
Dat binne syn klean.
Dizze muorre is bryk.

Dat binne myn skuon.
Dy boeken binne fan my.
Dat is noflik.
Dizze boeken binne fan dy.
Ik fyn dizze merke noflik.
Binne dy fan dy?

This, that, these and those Lesson 3
Dizze/Dy muorre is bryk.
Dat/Dit binne myn skuon.
Dat/Dit is noflik.
Dit/Dat is myn plak.
Dat/Dit binne syn klean.
Binne dy fan dy?

Ik fyn dizze merke noflik.
Dit/Dat is in foto fan my.
Dit/Dat is in muorre.
Dizze/Dy boeken binne fan dy.
Dy/Dizze boeken binne fan my.
Wat tinkstû fan dy/dizze muorre?

Wall	Muorre	Market	Merke
Books	Boeken	Place	Plak
Crooked	Bryk	Clothes	Klean
Shoe	Skoech	Photo	Foto
Shoes	Skuon	His	Syn
Nice/Cozy	Noflik	You think	Tinkstû

Present Perfect Lesson 1
Wy hawwe it wurk dien.
Hy hat in soad respekt krigen.
Hy is juster nei in freon west/gien.
Hy hat it juster oan him jûn.
Sy is nei skoalle gien/west.
Wêrom hawwe wy neat krigen?
Ik haw gjin pine hân.
Ik haw krekt in film sjoen.

Hastû de nije edysje al sjoen?
Wêr bistû hinne gien/west?
Wat hastû by d'ein hân?
Ik haw der juster noch oan tocht.
Ik tankje dy foar watstû foar my dien hast.
Sy hat der oan tocht.
Hastû it oan my jûn?
Sy is hjir al west.

Present Perfect Lesson 2

Wy hawwe it wurk dien.
Hastû de nije edysje al sjoen?
Hy hat in soad respekt krigen.
Wêr bistû hinne gien/west?
Hy is juster nei in freon west/gien.
Wat hastû by d'ein hân?
Hy hat it juster oan him jûn.
Ik haw der juster noch oan tocht.

Sy is nei skoalle gien/west.
Ik tankje dy foar watstû foar my dien hast.
Wêrom hawwe wy neat krigen?
Sy hat der oan tocht.
Ik haw gjin pine hân.
Hastû it oan my jûn?
Ik haw krekt in film sjoen.
Sy is hjir al west.

Week	Wike
Last	Ferline
Friend	Freon
Edition	Edysje
Are you	Bistû

What you	Watstû
Pain	Pine
Already	Al
Have you	Hastû
Nothing	Neat

Present Perfect Lesson 3

Hastû it oan my jûn?
Sy is nei skoalle gien/west.
Ik haw gjin pine hân.
Wêrom hawwe wy neat krigen?
Ik haw der juster noch oan tocht.
Hy is juster nei in freon west/gien.
Ik tankje dy foar watstû foar my dien hast.
Wy hawwe it wurk dien.

Hy hat it juster oan him jûn.
Hastû de nije edysje al sjoen?
Hy hat in soad respekt krigen.
Wêr bistû hinne gien/west?
Sy hat der oan tocht.
Wat hastû by d'ein hân?
Ik haw krekt/niis in film sjoen.
Sy is hjir al west.

Connecting words Lesson 1

It is net dúdlik oft sy hjoed komme.
Wat is it ferskil tusken goud en sulver?
Ik fiel my goed, dus ik kin wol komme.
Ik wol net dat sy rydt wylst sy sa wurch is.
It kin hjoed net, om't/omdat ik siik bin.
Ik freegje my ôf oft se mei ús komme wolle.
Hy wie dreech, mar sy wie dreger.

Connecting words Lesson 2

Hy is grutter as dy.
Sil it lykas juster wer drok wêze?
Myn bus kaam net, dêrom wie ik let.
Ik soe net sûnder dy gean.
It sil reine oant nije wike.
Ik kom del as ik frij bin.
It sil snije neffens it waarberjocht.

Connecting words Lesson 3

It sil reine oant nije wike.
Ik soe net sûnder dy gean.
Sil it lykas juster wer drok wêze?
Ik fiel my goed, dus ik kin wol komme.
Ik kom del as ik frij bin.
Ik freegje my ôf oft se mei ús komme wolle.
Ik wol net dat sy rydt wylst sy sa wurch is.

Hy wie dreech, mar sy wie dreger.
Wat is it ferskil tusken goud en sulver?
It sil snije neffens it waarberjocht.
It kin hjoed net, om't/omdat ik siik bin.
It is net dúdlik oft sy hjoed komme.
Hy is grutter as dy.
Myn bus kaam net, dêrom wie ik let.

Connecting words Lesson 4

Myn bus kaam net, dêrom wie ik let.
Sil it lykas juster wer drok wêze?
It sil snije neffens it waarberjocht.
Ik kom del as ik frij bin.
It is net dúdlik oft sy hjoed komme.
Ik wol net dat sy rydt wylst sy sa wurch is.
It sil reine oant nije wike.

Wat is it ferskil tusken goud en sulver?
Hy wie dreech, mar sy wie dreger.
It kin hjoed net, om't/omdat ik siik bin.
Ik freegje my ôf oft se mei ús komme wolle.
Ik fiel my goed, dus ik kin wol komme.
Hy is grutter as dy.
Ik soe net sûnder dy gean.

Connecting words Lesson 5

Ik soe net sûnder dy gean.
Ik freegje my ôf oft se mei ús komme wolle.
Sil it lykas juster wer drok wêze?
Hy is grutter as dy.
Ik fiel my goed, dus ik kin wol komme.
Hy wie dreech, mar sy wie dreger.
It sil snije neffens it waarberjocht.

It sil reine oant nije wike.
It is net dúdlik oft sy hjoed komme.
Myn bus kaam net, dêrom wie ik let.
It kin hjoed net, om't/omdat ik siik bin.
Wat is it ferskil tusken goud en sulver?
Ik kom del as ik frij bin.
Ik wol net dat sy rydt wylst sy sa wurch is.

Gold	Goud	Slower	Dreger
Tired	Wurch	Busy	Drok
Clear	Dúdlik	Snow (to)	Snije
Silver	Sulver	Bigger	Grutter
I wonder	Freegje my ôf	Late	Let
Weather forecast	Waarberjocht	Drives	Rydt

Connecting words Lesson 6

Myn bus kaam net, dêrom wie ik let.
Wat is it ferskil tusken goud en sulver?
Sil it lykas juster wer drok wêze?
Hy wie dreech, mar sy wie dreger.
It sil snije neffens it waarberjocht.
It kin hjoed net, om't/omdat ik siik bin.
Ik kom del as ik frij bin.
Ik freegje my ôf oft se mei ús komme wolle.
It is net dúdlik oft sy hjoed komme.
Ik fiel my goed, dus ik kin wol komme.
Ik wol net dat sy rydt wylst sy sa wurch is.
Hy is grutter as dy.
It sil reine oant nije wike.

Sentence Structure Lesson 1

Hy kin my wol ride litte.
Sy wolle my it sjen litte.
Dû moatst it glês stean litte.
Sy moat it net falle litte.
Dû kinst dy net slaan litte.

Hy moat wurkje gean.
Hy wol it my lêze litte.
It hout moatst brâne litte.
Sy hie al lang sjonge moatten.
Hy hie it besykje moatten.

Sentence Structure Lesson 2
It hout moatst brâne litte.
Sy moat it net falle litte.
Dû moatst it glês stean litte.
Dû kinst dy net slaan litte.
Hy moat wurkje gean.

Sy wolle my it sjen litte.
Hy kin my wol ride litte.
Sy hie al lang sjonge moatten.
Hy hie it besykje moatten.
Hy wol it my lêze litte.

Sentence Structure Lesson 3
Dû moatst it glês stean litte.
Sy moat it net falle litte.
Hy kin my wol ride litte.
Hy moat wurkje gean.
Sy hie al lang sjonge moatten.
Sy wolle my it sjen litte.
Dû kinst dy net slaan litte.
Hy hie it besykje moatten.
It hout moatst brâne litte.
Hy wol it my lêze litte.

How to write numbers? Lesson 1

98	Achtennjoggentich
32	Twaentritich
39	Njoggenentritich
43	Trijenfjirtich
63	Trijensechtich
83	Trijentachtich
84	Fjouwerentachtich
54	Fjouwerenfyftich
564	Fiifhûndertfjouwerensechtich
765	Sânhûndertfiifensechtich
76	Seisensantich
91	Ienennjoggentich
57	Sanenfyftich
47	Sanenfjirtich
297	Twahûndertsanennjoggentich
345	Trijehûndertfiifenfjirtich
753	Sânhûnderttrijenfyftich
434	Fjouwerhûndertfjouwerentritich
787	Sânhûndertsanentachtich
5.000	Fiiftûzen
1.348	Trettjinhûndertachtenfjirtich
3.475	Fjouwerentritichhûndertfiifensantich
6.573	Fiifensechtichhûnderttrijensantich
8.546	Fiifentachtichhûndertseisenfjirtich
9.675	Njoggenensechtichhûnderfiifensantich
5.834	Achtenfyftichhûnderfjouwerentritich
7.862	Achtensantichhûnderttwaensechtich

Extra words in a sentence Lesson 1

Kom der mar efkes by.
Dû moatst hjir gewoan wêze.
Dat kin dochs net.
Ik kom der oan hear.
It makket my net safolle út hear.
Hy wit it dochs better.
Ik leauw dat gewoan net.

It komt wol goed.
Sjoch ris! In reinbôge.
It docht mar in bytsje sear.
Hy sil der efkes nei sjen.
It kin wol.
Kinstû my ris oan sjen?
Hy fynt it mar nuver.

Extra words in a sentence Lesson 2

Kinstû my ris/efkes oan sjen?
It makket my net safolle út hear.
Hy fynt it mar/gewoan nuver.
It kin wol.
Hy wit it dochs better.
Ik kom der oan hear.
Hy sil der efkes nei sjen.

It docht mar in bytsje sear.
It komt wol goed.
Dat kin dochs/gewoan net.
Dû moatst hjir gewoan/efkes wêze.
Kom der mar efkes/gewoan by.
Ik leauw dat gewoan net.
Sjoch ris! In reinbôge.

Extra words in a sentence Lesson 3

Kom der mar efkes/gewoan by.
Hy fynt it mar/gewoan nuver.
It docht mar in bytsje sear.
Ik leauw dat gewoan net.
Kinstû my ris/efkes oan sjen?
It komt wol goed.
Hy sil der efkes nei sjen.

Hy wit it dochs better.
Dat kin dochs/gewoan net.
It makket my net safolle út hear.
Sjoch ris! In reinbôge.
Dû moatst hjir gewoan/efkes wêze.
It kin wol.
Ik kom der oan hear.

Makes	Makket	Rainbow	Reinbôge
Believe	Leauwe	Finds	Fynt

How to tell time in Frisian Lesson 1

12:00
Tolve oere.

19:00 | 7:00 AM
Sân oere.

16:00 | 4:00 PM
Fjouwer oere.

14:00 | 2:00 PM
Twa oere.

10:00
It is tsien oere.

20:00 | 8:00 AM
Acht oere.

13:00 | 1:00 PM
Ien oere.

Doctor	Dokter	Dentist	Toskedokter
Late	Let	Hospital	Sikehûs
You want	Wolstû	You must	Moatstû

How to tell time in Frisian Lesson 2

11:30
Healwei tolven.

18:30 | 6:30 AM
Healwei sânen.

15:30 | 3:30 PM
Healwei fjouweren.

14:30 | 2:30 PM
Healwei trijen.

9:30
It is healwei tsienen.

19:30 | 7:30 AM
Healwei achten.

12:30 | 0:30 PM
Healwei ienen.

How to tell time in Frisian Lesson 3

11:45
Kertier foar tolven.

19:15 | 7:15 AM
Kertier oer sânen.

16:15 | 4:15 PM
Kertier oer fjouweren.

13:45 | 1:45 PM
Kertier foar twaen.

10:15
It is kertier oer tsienen.

20:15 | 8:15 AM
Kertier oer achten.

13:15 | 1:15 PM
Kertier oer ienen.

How to tell time in Frisian Lesson 4

12:05 | 0:05 PM
Fiif oer tolven.

18:50 | 6:50 AM
Tsien foar sânen.

15:53 | 3:53 PM
Sân foar fjouweren.

13:56 | 1:56 PM
Fjouwer foar twaen.

9:35
It is fiif oer healwei njoggenen.

19:25 | 7:25 AM
Fiif foar healwei achten.

12:57 | 0:57 PM
Trije foar ienen.

How to tell time in Frisian Lesson 5

19:00 | 7:00 AM
Sân oere.

11:30
Healwei tolven.

12:05 | 0:05 PM
Fiif oer tolven.

9:30
Healwei tsienen.

15:53 | 3:53 PM
Sân foar fjouweren.

18:30 | 6:30 AM
Healwei sânen.

13:56 | 1:56 PM
Fjouwer foar twaen.

19:15 | 7:15 AM
Kertier oer sânen.

14:30 | 2:30 PM
Healwei trijen.

20:15 | 8:15 AM
Kertier oer achten.

10:00
Tsien oere.

16:15 | 4:15 PM
Kertier oer fjouweren.

13:00 | 1:00 PM
Ien oere.

13:15 | 1:15 PM
Kertier oer ienen.

12:00
Tolve oere.

15:30 | 3:30 PM
Healwei fjouweren.

18:50 | 6:50 AM
Tsien foar sânen.

12:30 | 0:30 PM
Healwei ienen.

14:00 | 2:00 PM
Twa oere.

11:45
Kertier foar tolven.

16:00 | 4:00 PM
Fjouwer oere.

13:45 | 1:45 PM
Kertier foar twaen.

20:00 | 8:00 AM
Acht oere.

19:30 | 7:30 AM
Healwei achten.

12:57 | 0:57 PM
Trije foar ienen.

10:15
Kertier oer tsienen.

19:25 | 7:25 AM
Fiif foar healwei achten.

Find the mistake(s) Lesson 1

Tiesdei	**Stûl**	**Snii**	**Muore**
Tiisdei	Stoel	Snow	Muorre
Lûsterje	**Hyr**	**Berchen**	**Yte**
Lústerje/Harkje	Hier	Bergen	Ite
Wien	**Weter**	**Fruon**	**Door**
Wein	Wetter	Freon	Doar
Kaay	**Tuor**	**Lyket**	**Zoarge**
Kaai	Toer	Liket	Soarge
Skiip	**Ipen**	**Skriewer**	**Bliet**
Skiep	Iepen	Skriuwer	Bliid
Jyld	**Skoale**	**Merket**	**Hoen**
Jild	Skoalle	Merke	Hûn
Skoegen	**Kowen**	**Moan**	**Disse**
Skuon	Kij	Moarn	Dizze
Berocht	**Zyn**		
Berjocht	Syn		

Find the mistake(s) Lesson 2

Ik haw trytich skiip yn it lan.
Ik haw tritich skiep yn it lân.

Hastû disse stûl nedig?
Hastû dizze stoel nedich?

Ik fiil my hoed blied.
Ik fiel my hjoed bliid.

Wy ziede ieten voar de famylje.
Wy siede iten foar de famylje.

De fjûr brant hiel lang.
It fjoer brânt hiel lang.

De kowen rinne op grien fjilds.
De kij rinne op griene fjilden.

Myn rech dogt my zear.
Myn rêch docht my sear.

De berchen likje gruter as it tsuster is.
De bergen lykje grutter as it tsjuster is.

Wer lisse de griize stienen?
Wêr lizze de grize stiennen?

Kist it my lite sjen?
Kinst it sjen litte?

Hoe fole taalen sprekstû?
Hoe folle talen sprekstû?

Bine disse skoegen fan dy?
Binne dizze skuon fan dy?

Myn liben duoret lang.
Myn libben duorret lang.

It fylt nufer om wer wêrom te wezen.
It fielt nuver om wer werom te wêzen.

Hy beskermje my tsjin gevaar.
Hy beskermet my tsjin gefaar.

De boer hawwe acht hynderen.
De boer hat acht hynders.

Find the mistake(s) Lesson 3

Moorn zil it raine.
Mourn sil it reine.

My soan is soan ier ald.
Myn soan is sân jier âld.

Ik ferstien it net good.
Ik ferstean it net goed.

Ik haldt fan skriewe.
Ik hâld fan skriuwe.

Sie had jield nedig for skoale.
Sy hat jild nedich foar skoalle.

Wy rine toch it wald.
Wy rinne troch it wâld.

Myn hoen is blied for my.
Myn hûn is bliid foar my.

Hier matst nij rochts geen.
Hjir moatst nei rjochts gean.

Ik rijtsje dy oon mei myn vinger.
Ik reitsje dy oan mei myn finger.

Dog it door mar tigt.
Doch de doar mar ticht.

Werom hastû dat diin?
Wêrom hastû dat dien?

Hoed skient de sine.
Hjoed skynt de sinne.

Kinstû mie heare?
Kinstû my hearre?

De bernen boatsje boeten mei boatersgood.
De bern boartsje bûten mei boartersguod.

Hastû tied for mie?
Hastû tiid foar my?

Ik fien it hiil wigtich for dy.
Ik fyn it hiel wichtich foar dy.

What is it?

Ferkearsboerd
(Traffic sign)

Koptillefoan
(Headphones)

Kroade
(Wheelbarrow)

Bile
(Axe)

Bots
(Shovel)

Tsjil
(Wheel)

Learzens
(Boots)

Stopljocht
(Traffic light)

What can you do to help the Frisian language?

As you know, the Frisian language has been pushed aside for a long time and may not survive. You are already helping the Frisian language by learning it, which is appreciated by the Frisian people. But would you like to do more for the Frisian language?

Then we would like to ask you to leave a review on the website where bought this book from. We're not asking for a long story or a 'fake' review. The thing we're asking for is an honest review. We can use all the feedback you give us to keep improving our books and even our websites. This can really make the difference for the Frisian language.

Other Frisian resources that might be useful to help the Frisian language.

- www.fryskewrald.frl, this is a Frisian-English online browser game to learn Frisian while having fun. In the game you'll be a Frisian king and you can take over settlements while competing with other Frisian learners.

- www.learnfrisian.com, is the website to learn Frisian. You have the opportunity to learn Frisian in English and Dutch. Old Frisian in Modern Frisian. Solring (North Frisian) in English & Sater Frisian in German and Frisian.

- www.frisianwordbook.com, this website has thousands of Frisian words with audio files.